Was tun, Herr Luhmann?

Wolfgang Hagen (Hg.)

Was tun, Herr Luhmann?

Vorletzte Gespräche
mit Niklas Luhmann

Dirk Baecker

Gerald Breyer

Wolfgang Hagen

Hans-Dieter Huber

Dirk Knipphals

Rudolf Maresch

Herfried Münkler

Christian Schlüter

Klaus Taschwer

Niels Werber

Kulturverlag Kadmos Berlin

Textnachweise:

»That's not my problem.« Interview von Klaus Taschwer mit Niklas Luhmann am 4. Mai 1995 in Wien, in Auszügen veröffentlicht im Falter, Wien.

»Unsere Zukunft hängt von Entscheidungen ab. Attacken auf die weltgesellschaftliche Zivilisation normalisieren«. Interview von Rudolf Maresch mit Niklas Luhmann vom 7. Juni 1993, unveröffentlicht: http://www.rudolf-maresch.de/interview/4.pdf.

»Wahrheit ist nicht zentral.« Interview von Dirk Knipphals und Christian Schlüter mit Niklas Luhmann 1996; veröffentlicht in: Deutsches Allgemeines Sonntagsblatt 42/1996.

»Gibt es Kunst außerhalb der Kunst?« Interview von Hans-Dieter Huber mit Niklas Luhmann am 13.12.90 in Bielefeld; veröffentlicht in: Texte zur Kunst, Vol. I, (Herbst 1991), No. 4, S. 121–133.

»OFF. Die Systemtheorie zwischen Involution und Normativität«. Interview von Gerald Breyer und Niels Werber am 19. Oktober 1992; veröffentlicht in: Symptome 10/1992.

Die Deutsche Bibliothek – CIP-Einheitsaufnahme

Die Deutsche Bibliothek verzeichnet diese Publikation in der Deutschen Nationalbibliographie; detaillierte bibliographische Daten sind im Internet unter <http://dnb.d-nb.de> abrufbar

Copyright © 2009, Kulturverlag Kadmos Berlin.
Wolfram Burckhardt
Alle Rechte vorbehalten
Internet: www.kv-kadmos.com
Umschlaggestaltung: Readymade, Berlin
Umschlagmotiv: キヨンネ (GNU_Free_Documentation_License)
http://commons.wikimedia.org/wiki/File:!!!LUHMANN,N..JPG
Gestaltung und Satz: Readymade, Berlin
Druck: Moravia Books
Printed in EU
ISBN (13) 978-3-931659-98-1
ISBN (10) 3-931659-98-4

Inhalt

Vorwort

»Was tun?« – diese Frage erinnert an das berühmte Hauptwerk des als Lenin bekannten Revolutionärs Wladimir Iljitsch Uljanow, das 1902 erschienen ist und in der Lenin das Konzept von der kommunistischen Partei als Vorhut der Arbeiterklasse darlegte und eine »Partei Neuen Typus« entwarf. Den Titel seiner Schrift hat Lenin von Nikolai Tschernyschewskis programmatischem Roman entlehnt, der Lenins Worten zufolge »hunderte Menschen zu Revolutionären« gemacht und ihn selbst von Grund auf verändert habe. Tschernyschewski, der aus politischen Gründen verhaftet wurde, schrieb seinen Roman im Gefängnis, in dem er der Frage nachgeht, wie Menschen die Welt im Kleinen verändern können. »Was tun?« ist also eine Frage, die offenbar ganz im Zeichen von politischer Veränderung und Revolution zu stehen scheint.

Ein gutes Jahrhundert nach Lenins und Tschernyschewskis »Was tun?« sind die Grundlagen einer ganz anderen Veränderung gelegt worden; man könnte auch durchaus von einer Wissensrevolution sprechen, für die der Name Niklas Luhmann steht. Als er im Alter von 51 Jahren in Bielefeld begann, schrieb er eine berühmt gewordene Notiz in seinen Projektplan: »Forschungsvorhaben – Theorie der Gesellschaft. Laufzeit – 30 Jahre. Kosten – keine.«

Dieser von hohem Abstraktionsgrad geprägten Theorie, die die Gesellschaft erklären kann, hat er sein Leben gewidmet – und hat sich einen Platz neben Kant, Hegel und Freud als großer Systematiker gesichert. Im letzten Jahrzehnt seines Schaffens bis zu seinem Tod im November 1998 veröffentlichte Luhmann Bücher in unglaublicher Geschwindigkeit: »Das Recht der Gesellschaft«, »Die Wirtschaft der Gesellschaft«, »Die Kunst der Gesellschaft« – zu jedem sozialen System eins. Sein als Gesamttheorie geplantes »Die Gesellschaft der Gesellschaft« wurde ein unfertiges Opus Magnum, dem unschwer anzumerken ist, dass Luhmann sich beschränken musste. »Der Tod war am Ende sein Co-Autor«, wie der Soziologe André Kieserling es ausgedrückt hat. Offenbar auch aufgrund des inneren Bedürfnisses, seine Theorie der Gesellschaft zu erläutern, hat Luhmann in den neunziger Jahren eine Reihe von Interviews gegeben, in denen er quasi in Kurzform die Aussagen seiner zum damaligen Zeitpunkt erschienenen Werke dargestellt hat.

»Warum haben Sie keinen Fernseher, Herr Luhmann?« versammelte die *letzten Gespräche* von Niklas Luhmann mit Alexander Kluge und Wolfgang Hagen aus den neunziger Jahren, die im Wesentlichen das Phänomen der Massenmedien umkreisen und von Norbert Bolz, Dirk Baecker und Wolfgang Hagen mit ihren Reflexionen über das *Tempo der Massenmedien und die Langsamkeit ihrer Betrachter* ergänzt wurden. In »Archimedes und wir«, das Dirk Baecker und Georg Stanitzek 1987 herausgaben, wurden die Interviews Luhmanns aus den achtziger Jahren versammelt.

Luhmann vermied es in der Regel, Alltagsbeispiele anzuführen oder praktische Konsequenzen aus seiner Theorie zu erörtern, das Interview jedoch ist die Form, neudeutsch besser: das Format, in der es den Gesprächspartnern hin und wieder gelingt, Unerwartetes und Überraschendes zutage zu fördern. So werden im Streitgespräch mit Robert Jungk (einem Vorreiter der sogenannten Sozialen Bewegungen) gesellschaftstheoretische Positionen klarer konturiert. Während dieser die Reduktion sozialer Komplexität, die Abschaffung nicht mehr durchschaubarer Systeme und die direkte Demokratie befürwortet, verweist Luhmann darauf, dass ein Gegensatz »hier wir, dort die gesellschaftlichen Systeme« nicht durchzuhalten ist und dass man mit solchem Protest einzelne Systeme nur irritieren, nicht aber steuern könne. Man ist geneigt, Luhmann sofort zuzustimmen, auch und gerade wenn man das Jungk'sche Ansinnen nach weniger Komplexität möglicherweise innerlich mit

Applaus versehen möchte. Bestsellerbände wie »Simplify your life« zeugen von dieser Sehnsucht, werden allerdings spätestens bei der Anfertigung der Steuererklärung ausgehebelt, wie Luhmann schon in den »Sozialen Systemen« festgestellt hat: »[...] gerade Bürokratie ist bekanntlich ein System mit sehr geringer Störempfindlichkeit.«

Das große Echo, das vor allem der »Fernseher«-Band hervorrief, ist nicht nur durch die nahezu ungebrochene Aktualität des Luhmann'schen Werkes zu erklären, die Ursachen sind sicherlich tieferer Natur, ungeachtet des Umstandes, dass man inzwischen Schulen (Oerlinghausen) und Straßen (Lüneburg) nach ihm benennt. Fritz Simon hat das zugespitzt so formuliert, dass es sich bei Luhmann um den in der systemischen Szene am meisten zitierten und gleichzeitig am wenigsten gelesenen Autoren handele. Umso größer scheint offenbar das Interesse an einer Kurzform der Luhmann'schen Gedanken zu sein, gewissermaßen *Luhmann light*. Die Frage nach dem »Was tun?« bleibt angesichts der gigantischen politischen Veränderungen nachhaltig aktuell.

Die Lücke zwischen den genannten Interview-Bänden möchte diese Veröffentlichung mit den *vorletzten Gesprächen* aus den neunziger Jahren nun schließen. Vergleicht man die verstreut erschienenen Interviews, so ist doch bemerkenswert, dass die Gespräche häufig um politische Themen kreisen, sicherlich auch durch die großen politischen Umwälzungen mit dem Fall der Mauer und dem Zusammenbruch des Sozialismus bedingt. Insofern ist es auch kein Zufall, dass dieser Band mit einem Gespräch zwischen Wolfgang Hagen, Herfried Münkler und Dirk Baecker über die Frage schließt: »Was ist Politik – oder war Luhmann doch unpolitisch?«

Nun könnte man sich freilich den Titel dieses Bandes niemals als einen Buchtitel Luhmanns vorstellen – die Frage wird vielmehr an Luhmann herangetragen, und zwar in dem Sinne, er möge uns die politischen Implikationen, die seine Gesellschaftstheorie nahelegt, im Gespräch erläutern. Und was könnte ferner liegen und unvereinbarer sein mit jeder sozialromantischen Sicht Tschernyschewskis als Luhmanns Aussage: »Menschenbilder, sowas Grausliches. Also der Mensch interessiert mich nicht, wenn ich das so hart sagen darf« (S. 98). Seinen Vortrag »Gibt es in unserer Gesellschaft noch unverzichtbare Normen?« eröffnet Niklas Luhmann 1992 mit einem berühmt gewordenen Gedankenexperiment: Er fordert seine Zuhörer auf, sich vorzustellen, sie seien höhere Polizeioffiziere in einem von Terrorgruppen drangsalierten Land und hätten den Führer einer dieser Gruppen gefangen. »Sie könnten, wenn Sie ihn folterten, vermutlich das Leben vieler Menschen retten – zehn, hundert, tausend, wir können den Fall variieren. Würden Sie es tun?« Was er selbst tun würde, verrät Luhmann nicht, an einem lässt er hingegen keinen Zweifel: »Man kann es nur falsch machen.« Wie immer man sich entscheidet, man wird sich danach für den Rest seines Lebens schämen.

Es sind Schlußfolgerungen wie diese, die stets aufs Neue verblüffen, erhellen, aber auch ratlos machen. Dennoch gibt Luhmann Lösungsvorschläge, wenn man sich denn darauf versteht, sie zu lesen. Ich möchte hier einige Passagen aus einem 1994 gehaltenen Interview* zitieren:

Also die Systemtheorie ist sicher keine kausalistische Theorie. Schon deshalb nicht, weil man sonst Politik in die Wissenschaft mit einbeziehen würde. Wenn man sagen würde, wie es richtig gemacht werden sollte, würde man ja Politik machen, eine Art technokratische Vorstellung haben. Das ist sicher nicht der Fall und wird auch durch die Gesellschaftstheorie selber schon desavouiert, indem sie Politik oder auch Intimbeziehungen oder Religion oder Wirtschaft als eigene Systeme beschreibt, die von der Wissenschaft aus nicht gesteuert werden können. Aber es gibt natürlich Veränderungen in den typischen Problemstellungen. Und das kann man relativ deutlich spezifizieren. Wenn Sie z.B. die Probleme der Arbeitslosigkeit, der massenhaften Entlassungen in Europa sehen, dann kann man die Frage stellen: Ist das ein Effekt von Konjunktureinbrüchen? Müssen wir das zwei, drei Jahre durchhalten oder hat das strukturelle Gründe? Und da würde man vielleicht sagen, daß in der modernen Gesellschaft das Interesse an der Unternehmerserhaltung und das

* Siehe hier und für die weiteren Zitate: http://www.fifoost.org/user/luhmann.html.

Interesse an Vermögenserhaltung auseinanderlaufen. Wenn ich mein Vermögen halten will, kann ich nicht mein Unternehmen halten. Und das ist auch völlig antimarxistisch gedacht. Ich habe mein Vermögen nicht im Unternehmen. Mein Vermögen fließt je nachdem, wo es angelegt werden soll. Und das Unternehmen ist eine andere Sache. Wenn man diese Tendenz beobachtet – und das läßt sich systemtheoretisch aufhängen –, hat man natürlich ganz andere Vorstellungen in bezug auf Politik und in bezug auf öffentliche Meinung auch und in bezug auf Weltkonstellationen, auf das Verlagern von Produktion in Billiglohnländer und dergleichen, als man sie hätte, wenn man sie nur konjunkturspezifisch sieht. Daraus folgt noch keine Handlungsanweisung. Aber ich denke, die Art, wie man sich vor Probleme stellt, ist der Schritt, von dem aus man es der Wirtschaft oder der Politik überlassen kann, Konsequenzen zu ziehen.

Als Antwort auf das Problem »Massenarbeitslosigkeit« also eine Anweisung, aus welch unterschiedlicher Perspektive sich man dem Problem nähern kann! Dementsprechend weit gefasst ist auch der Adressatenkreis seiner Leserschaft, den Luhmann folgendermaßen beschreibt:

> [...] ist ziemlich diffus eigentlich, denke ich. Und das ist regional sehr unterschiedlich, also in Deutschland ganz anders als in Italien. In USA ganz anders als in Mexiko oder in Brasilien und in Japan. Ich denke, daß es viele, insbesondere in der jüngeren Generation gibt, die das Gefühl haben, sie hätten kein zureichendes Bewußtsein in bezug auf die Gesellschaft, in der wir leben.

Und er erläutert:

> Und ich denke auch, daß es Theorieinteressen gibt, die besser bedient werden könnten, als das normalerweise geschieht. Aber das läßt sich schwer in irgendwelche festen Gruppen einbauen, und es ist eben, was die Kontakte angeht, regional außerordentlich verschieden. Also in Brasilien sind es ursprünglich eher Juristen gewesen aus irgendwelchen Zufällen. In Japan zunächst auch. Und dann erst die Soziologen. In USA sind es jetzt Literaturwissenschaftler.

Obwohl Luhmann keine politischen Lösungen vorschlägt, ist seine Position von großer Kenntnis und scharfer Beobachtungsgabe geprägt. Zum Wiederaufkeimen der Nationalismen befragt, schreibt er:

Ich nehme an, daß der Test in der Ökonomie liegt, letztlich. Und daß die Frage, wie weit man nationalistische Tendenzen angesichts von wirtschaftlichen Problemen durchhalten kann, die eigentliche Testfrage werden wird.

Ich war während des Unabhängigkeitsplebiszits in Kroatien, vorher in Slowenien. In Slowenien war alles ökonomisch kalkuliert. Wenn wir selbstständig sind, was macht unser Außenhandel mit dem früheren Jugoslawien? Können wir den ersetzen, auf Firmenkontakt, auf Staatskontakt? Die ganze Diskussion lief völlig ökonomisch. In Kroatien spielte das überhaupt keine Rolle. Daß Kroatien ökonomisch als Kleinland so nicht reüssieren kann, interessierte sie gar nicht. Wir müssen erst mal die politische Selbstständigkeit sichern und uns gegen Serbien verteidigen. Und die Frage ist, inwieweit ökonomische Rücksichtslosigkeit auch nach dem Muster Slowakei – es gibt da viele, viele Beispiele – in größeren Blöcken wieder aufgefangen werden muß, oder wie weit das dann einfach eine Hungerstrecke bedeutet und eine Rückentwicklung in – um die Slowakei als Beispiel zu nehmen – einstmals stark industrialisierten Ländern.

Und wenn man mit Südamerika vergleicht: Da habe ich auch den Eindruck, daß die Komponente Militär oder Einheitspartei, Nation und Anti-USA-Politik und internationale Abschottung, eigene Autos, eigene Wirtschaft etc., daß dies zurückgebaut wird. Und daß das einen Zusammenhang hat mit der Unmöglichkeit der Militärs, eine andere ökonomische Politik zu haben, als eine Zivilregierung haben würde. Es gibt also diesen Zusammenhang. Und ich vermute, daß die ökonomischen Interessen der Bevölkerung so stark sind, daß eine militärische, eine nationalistische Politik mit jeglichen dauerhaften ökonomischen Belastungen nicht wird durchhalten können.

Und darauf präzisiert er den Zusammenhang zwischen dem historischen Erbe des Nationalismus und den möglicherweise daraus entstandenen Irrationalismen:

Zuerst mal würde ich sagen, der europäische Nationalismus ist eine Folge des Buchdrucks. Die einheitlichen Nationalsprachen sind ja erst durch den Buchdruck entstanden. In Rußland relativ spät. In Frankreich früher. In Deutschland mit Bibelübersetzungen und dergleichen. Aber ich wüßte nicht, weshalb das irrational sein sollte.

Wenn man alles unter ökonomischen Gesichtspunkten sieht, würde man sagen, die ökonomische Politik kann sinnvollerweise unter heutigen Weltbedingungen keine nationale Politik sein.

Wenn man es unter Einwanderungsgesichtspunkten sieht, ist es schon wieder eine andere Frage. In Italien gibt es eine Stadt wie Modena, 60-65.000 Einwohner und über 10.000 Extrakommendita, also Leute aus Afrika. Da sind Probleme, die sicherlich den Nationalismus fördern, die aber sicherlich auch wirklich echte politische Probleme sind. Da stellt sich schon die Frage, ob man die Leute nicht in ihrem eigenen Land mit Arbeit und Industrieaufträgen fördert, als sie zur Migration zu führen.

Insofern denke ich nicht, daß die Idee einer nationalen Einheit irrational ist. Um so mehr auch, daß man sich ja gar nicht vorstellen könnte, daß weltweit ein Weltstaat entsteht und dann die Chinesen die Dänen dauernd überstimmen würden.

Gerade um Demokratie zu haben, müßte man lokale Einheiten haben, um Homogenität der Meinungen und Konsense zu ermöglichen, wenn es eine Mehrheitsdemokratie sein soll.

Also es ist einfach ein anderes Konzept von Politik, daß man nicht von vornherein als irrational verurteilen soll.

Wir Deutsche neigen ja mehr als irgendein anderes Volk dazu, Nationalismus für irrational zu halten und haben geschichtliche Gründe dafür.

Oder zur Rolle der EU und ihrem Problem mit einer übergeordneten Struktur einerseits und den nationalen Eigeninteressen andererseits:

Das liegt zum einen sicher am Primat der organisatorischen Vereinheitlichung und dem Einwirken der Industrie und regionaler Interessen auf die Organisation direkt, ohne politische Vermittlung. Und das wird in ein europaeigenes Rechtssystem überführt werden. Aber das wirkt ja tendenziell auf die Idee Europa eher negativ. Ich vermute, daß die starke organisatorische und juristische Komponente der Vereinheitlichung [...] die Idee Europa ruinieren wird und damit auch eigentlich keine nationalen Tendenzen freisetzt, sondern vielleicht eher eine Frage, wie fahren wir besser: mit Abschottung oder durch Öffnung der Grenzen?

Oder zur Rolle der USA und ihrem Verhältnis zu Europa:

Also ich denke in den USA ist traditionell das Gefühl einer Uniformität sehr viel stärker als in Europa. Das heißt die Möglichkeit, abweichende Meinungen politisch aufzubauen, ist sehr viel geringer entwickelt. Auch schon über das Massenmediensystem, auch schon über die starke Moralisierung durch die Massenmedien, als das in Europa der Fall ist. Aber man weiß nicht, und aus Diskussionen mit interessanterweise jüdischen Freunden hat man das Gefühl, da ist ein Firnis. Man weiß nie, wann das irgendwo einmal einbricht. Es ist also außerordentlich schwer zu übersehen, ob die Schicht der US-amerikanischen Uniformität in Meinung, diese Schmelztigel-Ideologie nun langsam nachgibt in bezug auf spanisch sprechende Elemente, spanische Schulen u.s.w. Pluralismus, political correctness und all diese Dinge. Wie weit das nur Anzeichen von einem kommenden, wirklichen Pluralismus sind, ist schwer zu sagen. In Europa sieht das sehr anders aus. Da ist das Problem eher, daß wir politisch gesehen, nicht regierungsfähige und auch nicht regierungswillige Minoritäten kriegen, die einfach ihr Programm vorstellen und damit Prozente der Wählerschaft bekommen und die Parteien, die ein Wahlprogramm haben, letztlich auf eine Koalition hindrängen. Daß wir so eine Art italienische democrazia bloccata kriegen. Industrie und Arbeit machen die Politik und dann gibt es noch nationale und ökonomische, oder friedens-, oder was auch immer bewegte Leute, die Prozentpunkte haben, aber keine Opposition bilden können, die irgendwann einmal die Regierung übernehmen soll. Das zeichnet sich in Italien ja auch ab, mit den legge-Bewegungen in Norditalien und dem relativ deutlichen Aufkommen der Neofaschisten. Was mit dem alten Faschismus natürlich nur wenig zu tun hat, aber auch wieder Aussichten hat, die alten Parteien abzulösen.

Auf die Frage, ob er eine Prognose für künftige gesellschaftliche Wirkungen geben könne, antwortet Luhmann nahezu seherisch und erschreckend aktuell vor dem Hintergrund der gegenwärtigen Finanzkrise:

Nein. Eigentlich nicht. Ich nehme an, daß in vielen Bereichen, und zwar in der Ökonomie und in der Politik die Situation prekärer wird. Und das heißt auch: abhängiger von Zufällen. Von einem Zufall wie Gorbatschow, von einzelnen Personen. Oder von einzelnen Ereignissen wie Tschernobyl oder was immer.

Ich glaube, es gibt keine Entwicklungslogik, die Trends auszeichnet, sondern eher ein Überdrehen der Normalisierung von an sich unwahrscheinlichen Instabilitäten, die dann von Zufällen abhängen. Und zugleich hohe Kapazitäten des Ausgleichs.

Also einen solchen Crash wie 1929 werden wir so nicht wieder haben. Aber dafür vielleicht ganz andere Formen.

Eher würde ich meinen, daß das Unvorhersehbare vorauszusehen ist, und die Frage, wie man also Ressourcen des Abfangens von Katastrophen, wenn man das Katastrophen nennen will, wie man das behandelt, wie man das organisatorisch zur Verfügung stellen kann, ist eines der Probleme.

Die erschreckte Frage, ob denn die Menschheit mit dieser Instabilität zurechtkommen könne, kommentiert Luhmann lakonisch: »Ja, was sollte sie denn sonst tun?« und führt dann aus:

> Eine solche Frage hat nur Sinn, wenn man sich vorstellen könnte, es könnte irgendetwas anderes geschehen außer Katastrophen. Und ich wüßte nicht, was anderes geschehen könnte als das, was sich so abzeichnet an ökonomischer Konzentration, an juristischem raschem Umschlag von Formeln und Begründungen, an politischer Instabilität, die aber über Wahlen im Moment noch abgefangen werden kann. Aber ich halte mich eigentlich in bezug auf Prognosen zurück. Die Soziologie hat Entwicklungen nicht vorausgesehen. Weder die Jugendbewegung in den sechziger Jahren, überhaupt die Entstehung der neuen sozialen Bewegungen, noch den Zusammenbruch des Ostregimes. Also die wichtigen Dinge kamen überraschend, und das ist vielleicht weniger eine Frage mangelnder Kompetenz der Forscher, sondern eine Frage der Struktur der Gesellschaft. Wir müssen überraschende Strukturänderungen verkraften, die durch Zufälle ausgelöst sind.

Aber warum sollte man in einer Zeit mit höchst komplexen Systemen einfache Antworten erwarten können? Die Lösung könnte viel eher darin liegen, den Zufall besser kennenzulernen!

»That's not my problem«

Niklas Luhmann im Interview mit Klaus Taschwer

Klaus Taschwer: Herr Luhmann, vor mehr als 20 Jahren schrieben Sie – schon als soziologischer Systemtheoretiker – daß die Systemtheorie gute Chancen habe, unverstanden zu bleiben. Wie würden Sie das heute sehen?

Niklas Luhmann: Wenn man Spitzenleistungen der Forschung sucht, dann ist man eigentlich immer in einer Sprachregelung, die nur in der Disziplin verstanden wird. Oder nicht einmal da, wenn man etwa an Einsteins Frühzeit denkt und die Dauer, bis er den Nobelpreis bekam. Da ist also einerseits die Vorstellung, daß man doch – wenn man diesen Ehrgeiz hat, was man ja nicht haben muß als Soziologe: man kann ja auch angewandte Forschung betreiben oder sich für Arbeitslosigkeit oder Kriminalität interessieren – wenn man also eine allgemeine Theorie sucht, dann ist die exakte Formulierung immer ein Problem, das das Verständnis erschwert. Das ist schon mit der Beobachtung zweiter Ordnung verbunden: Wenn man immer die Frage vorschaltet, wenn etwas gesagt wird: wer sagt das? Also was beschrieben wird: Wer beschreibt das? Und dann annimmt, daß es mehrere Beschreiber geben könnte, bei denen nicht ohne weiteres Konsens vorausgesetzt werden kann. Wenn man das jetzt gleichsam Satz für Satz immer mitziehen will, wird der Text auch in der

17

Wissenschaft zu schwierig. Und dann ist ein Erfordernis des Verständnisses, daß der Leser behält, was irgendwann einmal gesagt wird, auch wenn es nicht wiederholt wird. Und das sind Anforderungen, die man eigentlich nur mit spezifischen Interessen durchhalten kann, also nur, wenn man ein innerwissenschaftliches Interesse hat, ein Thema zu verstehen, um eventuell damit zu arbeiten oder dagegen zu polemisieren. Nur dann ist das machbar. Insofern ist der Auswirkungsgrad eine nicht-berechenbare Nebenwirkung der Absicht, eine gute Theorie zu machen. Das gilt auch schon für den Auswirkungsgrad im Fach selbst, eigentlich auch in der Universität. Wenn man Einführungsveranstaltungen macht, da hat man andere Voraussetzungen. Aber das ist also ein differenziertes Feld, wo man einerseits die wenigen Kollegen hat, die damit arbeiten wollen oder die gleiche Interessen haben, dann das breitere studentische Publikum, dann die arbeitslosen Intellektuellen, die für Massenmedien gelegentlich Reportagen machen und sich auf ein Interview vorbereiten, und das dann an ein undefiniertes Publikum weitergeben …

Ähm

… und dann das, was an Sprachformen, das in der Politik verwendet wird. Wenn ein prominenter Politiker etwa von »Kontingenzbewältigung« spricht, dann weiß ich nicht genau, was er meint.

Wer zum Beispiel?

Das war Kohl. Wurde mir zumindest berichtet.

Das hat ihm wohl jemand geschrieben, der Luhmann gelesen hat?

Ja. Oder Hermann Lübbe.

Nun war das ja in den Sozialwissenschaften nicht immer so, daß da eine tiefe Verständniskluft zwischen Theorie und Praxis herrschte. Wie sehen Sie die Rolle der Soziologie heute – zwischen Akademismus und Anwendbarkeit?

Ich denke, der Grad an Verwissenschaftlichung hat zugenommen, vor allem hinsichtlich des Bezugs auf Forschung. Es gibt ja so ein durchgesetztes Format des Aufsatzes, mit dem man zeigen muß, daß man was gelesen hat, dann zeigen muß, daß man was Neues dazu bringen kann, dann noch eine Zusammenfassung für die Leser, die das gar nicht lesen wollen. Dann ist der Umschlagszeitraum immer kurzer geworden. Man liest zehn Jahre alte Sachen schon gar nicht mehr, die werden einfach vergessen und dann wiederentdeckt: jetzt im Moment Kultur und Institutionen und Ethik. Diese Themen und Begriffe werden heute wiederentdeckt, obwohl man glaubte, damit eigentlich fertig zu sein. Also einerseits nimmt der Zeitrhythmus zu und beim empirischen Arbeiten die methodischen Fragen: Man muß belegen, wie man zu den Daten gekommen ist; der Leser wird im allgemeinen die statistischen Artefakte für Realitätsbeschreibungen halten. Und wenn man das Erkenntnistheoretische nochmal draufdoppelt – also nicht nur: Welche Methoden haben Sie angewandt, um zu Daten zu kommen, wie sehen Sie sich selbst im Prozeß der Erkenntnisgewinnung, also Konstruktivismus, um eine Formel zu geben, dann wird das noch schwieriger. Und ich denke, daß die Sozialwissenschaften, die ja als Disziplinen relativ neu sind – also akademisch, wenn man an Durkheim denkt: hundert Jahre alt –, daß das sich im Laufe der Zeit ausgebreitet hat und weiterentwickeln wird. Ähnliches sieht man auch bei den Historikern, aber nicht so deutlich. Die müssen immer noch erzählen, aber sie sagen nun: Das ist eine Methode. Die Historiker müssen also die Exaktheit der Quellenanalyse immer noch mit Inspiration verbinden.

Wiewohl ja gerade über diese Fragen in letzter Zeit in Historikerkreisen – man denke nur an die Arbeiten von Hayden White – heftige Kontroversen aufgebrochen sind ...

Ja, ja. Und dann gibt es immer wieder gute Schriftsteller. Wenn man so an Frankreich denkt: an Duby ...

oder in Italien Ginzburg ...

Ja. Das sind die, die das Publikum dann immer wieder versöhnen und immer wieder den Eindruck erwecken können, daß das wirklich auf Ermittlung beruht.

Um wieder auf Ihre Theorie zurückzukommen ... – Da gibt es auf der einen Seite die eigenen Fachkollegen, die damit konfrontiert sind. Andererseits, was mich auch ein wenig verwundert, werden Sie auch in ganz anderen Bereichen, insbesondere auch in den sogenannten Geisteswissenschaften, gerade in jüngster Zeit ziemlich heftig rezipiert. Womit würden Sie das erklären?

Das hängt vor allem damit zusammen, eine Gesellschaftstheorie zu schreiben, denn wenn man eine Gesellschaftstheorie hat, dann kann man ja nicht ignorieren, daß es Politik gibt, Wirtschaft, das Recht oder die Wissenschaft. Zwar gibt es dafür Spezialisten, doch eine allgemeine Gesellschaftstheorie muß zumindest beachten, was diese Spezialisten sagen: Was ist die Sprache der Ärzte usw. Und wenn man da eine distanzierte Beschreibung hat, gibt es in den Bereichen Leute, die sich dadurch reizen lassen. Es gibt ja dann sehr starke Effekte der Spaltung – manche finden das interessant und versuchen, das rüberzukopieren oder entsprechend zu verändern, daß es den anderen Kollegen einleuchtet, und andere sehen das als eine externe Beschreibung, die die Eigentümlichkeiten ihres beruflichen Milieus nicht berücksichtigt.

So hat Ihre Theorie dann zumindest eine breitere akademische Öffentlichkeit. Daneben gibt es aber immer wieder auch Versuche, Ihre Thesen auch für eine breitere Öffentlichkeit aufzubereiten. Jüngst gab es sogar im österreichischen Fernsehen einen Bericht des neuen Wissenschaftsmagazins, in dem Ihr Buch »Liebe als Passion« vorgestellt werden sollte, was wohl nicht so ganz gelang.

In gewisser Weise habe ich dann eine Grenze der Selbstbeteiligung daran: That's not my problem. Gut, man kann das versuchen. Und wenn das gut gemacht ist ... Gerade zu »Liebe als Passion« gibt es ja sehr unterschiedliche Reaktionen. In Frankreich, selbst in Frankreich, da kann man überhaupt nicht verstehen, warum man so viel Literatur benutzt, um irgendwas ganz Unverständliches herauszuholen. Das hängt natürlich auch damit zusammen, daß der Theoriekontext nicht vertraut ist. Aber: daß ich in dem Buch die Literatur nur als eine Art Beweismittel brauche und nicht als Kern der eigentlichen Aussage, das hat Schwierigkeiten gemacht. Zumal jeder an seine eigenen Erfahrungen mit der Liebe denkt und meint, von Liebe etwas zu verstehen. Wie immer. Wenn das aber nun überhaupt nicht erwähnt wird, oder das auch in dem Buch nicht reizvoll genug ist? Ich habe einmal das Buch zurückgeschickt gekriegt von einem Handelsreisenden, der im Autoradio eine Rezension des Buchs gehört hat. Der hat sich das Buch gekauft, es gelesen und mir dann einen wütenden Brief geschrieben. Weil er überhaupt nicht das fand, was er suchte ...

... und was der Titel eigentlich schon auch verspricht.

Ja, aber der ist ja bewußt ambivalent gehalten. Im Titel ist das Buch ja zugegebenermaßen hot, im Untertitel aber cool: »Liebe als Passion« und im Untertitel »Zur Codierung von Intimität« – sollte eigentlich genau dieses Spiel von hot und cool rüberbringen ...

Diese Reaktion des Handlungsreisenden scheint mir aber in gewisser Weise doch auch ein bißchen symptomatisch für viele Ihrer Leser. Für das eigene alltägliche Leben kann man nicht gerade viel Brauchbares aus Ihren Arbeiten herauslesen. Ihre Theorie scheint mir zumindest in diesem Sinne nicht sehr nett oder hilfsbereit zu sein.

Ich stell' mir vor, daß es schrecklich sein würde, wenn es anders wäre. Es wäre auch furchtbar, wenn alle »Luhmannisch« reden würden. Nach einer wissenschaftlichen Konferenz in Dubrovnik haben wir einen Ausflug auf eine nahegelegene Insel gemacht und dann sind wir auf den Berg gegangen, Alois Hahn, Schwanitz, vier Leute, vier Systemtheoretiker. Und dann wollten wir wieder runter, weil das Schiff abfuhr. Und wir wählten einen falschen Weg, es war dann schon fünf, und das Schiff wartete bereits im Hafen. Und dann haben wir uns überlegt, was geschehen würde, wenn wir hier auf der Insel blieben, und nach 100 Jahren wird die Insel wiederentdeckt und dann spricht man »Systemtheorie« als Alltagssprache. Wir sind längst gestorben, aber man spricht Systemtheorie.

Man muß sich nur vorstellen, was wäre, wenn ein Theoriejargon Sprache werden würde. Das geht noch mit einzelnen Worten, »Kontingenzbewältigung«, »Reduktion von Komplexität« – das kann man ja so sagen. Aber wenn die Gesamtanlage einer Theorie Alltagssprache wird, dann wäre das erstens unvorstellbar und zweitens unheimlich. Das kann man gar nicht wünschen. Die Theorie sollte also ein Faktor sein, der Irritation erzeugen kann, um andere Leute dazu zu bewegen, selbst zu denken. Und das ist ein ausgewählter Leserkreis. Das ist gar nicht anders möglich und gar nicht anders sinnvoll.

Muß das nicht Schwierigkeiten bei der Umsetzung machen, wenn es um das Erzeugen von Irritation geht?

Zum Teil muß auch die Medizin heute so vorgehen, dass sie also nicht genau weiß, woran es liegt, und man irgend etwas verschreibt. Und wenn das nichts nützt, dann hat das diagnostische Effekte. Für diese Mentalität gibt es in der politischen Rhetorik sehr schwer Verständnis: Man will das Richtige tun, und die Gegner wollen etwas anderes, die sind aber entweder falsch orientiert oder auf der moralisch negativen Seite ... Die generelle Vorstellung, dass man mit jeder Kenntnis noch mehr Unkenntnis produziert, mit jedem Wissen noch mehr Unwissen – das wäre dann die erkenntnistheoretische Reflexion auf diese Sachverhalte. Und das bestätigt zugleich, dass die Wissenschaft für sich selber arbeitet, und dass es bloß mehr oder minder massierte Zufälle gibt, indem dieses wissenschaftliche Wissen was nützt. Natürlich, auch die Auswahlquote für technische und ökonomische Umsetzungen ist gering. Das ist jedenfalls unter 20 %. Entweder müssen die

Wissenschaftler selbst die Verantwortung übernehmen für die Realisierung, oder sie müssen einfach politisch voreingenommen sein.

Wie sieht das nun bei Ihrer eigenen Beratungstätigkeit aus? Gibt es da nicht immer wieder große Enttäuschungen im nachhinein, wenn Ihr Angebot darin besteht, Ungewißheit zu vergrößern?

Einerseits gibt es bei mir deutlich einen Rückzug aus diesen Tätigkeiten in der Politik. In der Wirtschaft dagegen habe ich eher mit so Ausbildern zu tun gehabt, mit Unternehmensberatern und nicht mit den Unternehmen selbst. Und dabei ging's immer darum, eine Reflexion innerhalb der Beraterkreise anzuregen. Und das ist natürlich ein ganz anderes Geschäft, als wenn man sagt: »Siemens hat dies und das falsch gemacht und sollte an dem und dem Punkt die Organisation ändern.«

Im administrativen Bereich ist immer eine aus der Sicht der Praxis überzogene Vorstellung von Alternativen, die dann an irgendwelche Unmachbarkeitsschwellen stoßen – also etwa im Personalrecht. Wir haben ja diese doppelte Struktur in Deutschland: Beamte auf der einen Seite und Angestellte auf der anderen. Und wenn man das vereinheitlichen will, dann müßte man Entscheidungen treffen wie: Sollen die Beamten streiken oder nicht? Das Problem dadurch zu lösen, die Gruppen zu verkleinern, die eventuell streiken könnten, haben damals auch weder die Gewerkschaften verstanden, auch wenn es dann aus anderen Gründen gescheitert ist.

»Wohlfahrtsstaat« war eine Arbeit, die nach längeren Kontakten mit der CDU, mit der Programmkommission – mit Weizsäcker damals, zustande kam. Dann, nachdem sie merkten, daß sie mit dem Programm, das völlig gegen meine Vorstellungen geschrieben war – sich nicht mehr von der SPD – was ja gar nicht überrascht – unterscheiden konnten, hatten sie im Parlament dann die Idee, man müßte die Staatsausgaben definieren, um zu sehen: Das ist staatlich und das ist nicht staatlich. Da habe ich den Auftrag bekommen – also ich habe das als Auftrag abgelehnt – und dann, dann haben sie dann doch gesagt: Machen Sie doch irgend etwas, was Sie denn in dem Fall für richtig halten. Und dann, was das Selbstreferenztheorem sagt: Das müßt ihr entscheiden. Das ist eine politische Aufgabe, ich meine, man kann sich aus der politischen Verantwortung für die Übernahme einer Aufgabe zurückziehen: Das ist qua Wesen eine staatliche Sache und das ist qua Wesen eine Sache der freien Wirtschaft. Diese Antwort war auch nicht darauf gezielt, da Effekte zu machen. Das heißt, das hat einen gewissen Einfluß gehabt, in der Partei selbst, in den Bemühungen der Leute. Das ändert in gewisser Weise die Beschreibungs- und Beobachtungsmentalität, aber das hängt auch mit der Generationsdifferenz zusammen. Das waren damals ja die jüngeren Leute – aber das ist auch schon wieder 15 Jahre her.

Solche Formen der Beratungstätigkeit üben Sie heute überhaupt nicht mehr aus? Ich glaube gehört zu haben, daß Sie in Italien ...

Nein, nicht eigentlich in Beratungssachen. Ich meine, in gewisser Weise unterstützt oder rät man ab in einem nicht dokumentierten persönlichen Kontakt, zum Beispiel mit diesen neuen Brüsseler Förderungsprogrammen für Apulien. Da kam plötzlich so ein Paket mit 500 Seiten, schlechte italienische Übersetzung. Man mußte Englisch können, um es auf Italienisch lesen zu können. Die ganze EU-Politik für Apulien war bis dahin vom Partito Socialista in Rom ganz auf »Kultur« abgestellt, weil es mit der Wirtschaft sowieso hoffnungslos war. Aber mit der Kultur, so dachte man, da kann man was machen, also: die Universitäten stärken, Vortragsveranstaltungen, kulturelle Projekte. Und nun zählte plötzlich in Brüssel die Kultur überhaupt nichts mehr, sondern nur mehr die Ökonomie. Was also machte man in dieser Lage? Meine einfache Lösung war, alles, was früher unter »Kultur« lief, als »Tourismus« auszugeben und die Kulturprojekte jetzt in Brüssel als touristisch und damit als »Wirtschaft« zu verkaufen.

Also in den Gesprächen, da ist das keine eigentliche Beratungstätigkeit, sondern ein Einfall, der entweder irgendwo versickert oder wirkt oder der als solcher keine Legitimationskraft hat. Also, so was kommt vor, aber das waren gleichsam zufällige Angelegenheiten: wenn ich gerade da war, daß dann so etwas kommt ...

Haben Sie sich in Italien nicht auch mit der Mafia beschäftigt? Ich meine soziologisch natürlich.

Ja, die Mafia-Geschichte, das ist auch so eine Sache, wo man eigentlich andere Fragen hat. Also die Juristen zögern ja deutlich, alle juridischen Instrumente auszuspielen gegen die Mafia oder die Camorra zu zerstören, weil man weiß, daß das die Arbeitslosigkeit heben würde und in einem bestimmten Jugendmilieu jede Hoffnung zerstört würde.

Die Hoffnung läuft in Neapel über die Mafia. Wenn man 14 oder 15 Jahre alt ist, was bleibt einem anderes als die Mafia oder die Camorra? Da stellt sich nun die Frage, ob man nun alle Möglichkeiten ausspielen soll, die Mafia und die ganzen Korruptionssachen aufzulösen, ohne die Verantwortung für das zu übernehmen, was dann geschieht. Und das Problem, das man dann hat, ist natürlich: Was ist dann, wenn das gelingt? Was ist der nächste Schritt? Meines Erachtens geht es hier um ein Wegkommen vom rein Normativen – also: Verbrecher, die müssen wir erwischen und eliminieren usw. –, wo doch die Verführung zu Führungsstellen von Illegalität eines der wichtigsten Organisationsmittel ist. Also ein Mittel, Vertrauen zu erwerben, als mächtige Person sich sichtbar zu machen, ansprechbar zu sein, als Mittel natürlich auch, etwas dafür zu verlangen – das ist einfach eine soziologischere Betrachtungsweise, die selbstredend eher die Ratlosigkeit vergrößert. Aber sie verhindert auch ein unüberlegtes Draufschlagen oder eine zornige Reaktion.

Aber so etwas würde ich nicht genuin als Beratungstätigkeit sehen. Das ist eher eine Frage der Blickerweiterung, der Möglichkeit, in geordneter Weise weitere Gesichtspunkte in Betracht zu ziehen. Nicht einfach etwas, was einem lieber ist, sondern sich zu überlegen, was die funktionalen Äquivalente sind und solche Geschichten.

Bei Italien im Zusammenhang mit den Medien drängt sich unwillkürlich das Stichwort »Berlusconi« auf. Dessen Erfolg ist ja vielfach als erstes Zeichen einer neuen Form von Politik gesehen worden, die untrennbar mit der Hegemonie über die Massenmedien verbunden ist. Wie sehen Sie diese Entwicklung?

Ich glaube, daß das eine sehr komplizierte Sache ist. Zum ersten ist es sicherlich oberflächlich, zu sagen, die Medien bestimmen, wie die Leute wählen. Das mag zwar einen Effekt haben und die Medien mögen solche Effekte suchen, wenn sie entsprechende Ziele haben. Aber damit wächst gleichzeitig auch der Manipulationsverdacht und das Manipulationsbewußtsein – jedenfalls oberhalb der reinen Unterschicht. Der zweite Punkt ist, daß man beobachten kann, daß die Leute, die aus den Medien kommen, einen anderen Umgang mit öffentlicher Meinung haben. Also Berlusconi hat beispielsweise auffällig Themen lanciert, zu denen er keine Entscheidung traf – aber alle anderen mußten sich festlegen.

Wie zum Beispiel?

Also da war die Frage, ob Di Pietro* Justizminister wird. Berlusconi wird gefragt und antwortet: »Ja, das habe ich auch gehört.« Alle müssen sich festlegen, und dann sagt Di Pietro nein danke am Ende, nachdem er sieht, wie sich das Ganze entwickelt. Das ist eine Technik, die die Verdachtsüberlegung: »Was könnte geschehen und wer könnte was tun?« in den Medien so breit tritt, daß nachher die Sache einfach wird. Dann bleibt bloß noch zu sagen: »Alles Unsinn. Ach, Fehler.« Ich habe also den Eindruck, daß man im Berlusconi-Lager durch die Medienroutine weniger naiv ist zu glauben, daß es reicht, sich bloß gut

---

* Antonio Di Pietro, geb. am 2. Oktober 1950, war italienischer Infrastrukturminister in der zweiten Regierung Prodi (2006–2008). Davor war er Mitglied des Europäischen Parlaments, italienischer Senator sowie leitender Staatsanwalt, wobei seine Ermittlungen auch nicht vor der Person Berlusconis haltmachten und gemeinhin als »Berlusconi-Di Pietro-Schlacht« bezeichnet wurden.

zu präsentieren, weil das auch die entsprechenden Stimmen bringen würde. Das ist im übrigen auch nichts, das demokratiepolitisch weiter bedenklich ist.

Das Problem hingegen scheint mir zu sein, daß er eine Partei gründen muß und nicht mit seinen lokalen Agenturen arbeiten kann. Er muß eine Partei kreieren, die erstens wählbar ist, ohne daß die Partei Berlusconi wählen muß und somit eine Partei ist, die ihn kontrollieren und wieder absetzen kann. Daß also jemand, ein Mann wie Berlusconi, alle lokalen Fernsehstationen aufkauft und dann Politik macht, ist problematisch. Das ist aber nicht die Hauptsache. Die Frage ist, ob man eine Partei gründen kann und dann diese Partei völlig anders arrangiert. Also die bisherigen Parteien in Italien waren ja sehr stark von Rom aus dirigiert, also Kandidatenlisten wurden nicht lokal, sondern in Rom festgelegt. Und man konnte seine Leute auch trotz der Streitigkeiten innerhalb der Partei, z. B. Andreotti-Demita, der Streit wurde dann über die Mafia doch ausgetragen, aber innerhalb der Partei – aber das wurde nicht in Brindisi oder Lecce oder Palermo entschieden. Und die ganze Dezentralisierungspolitik auch in der Verwaltung nützt ja nichts, wenn die Partei selbst – also die Politik – sich nicht dezentralisieren können. Das wäre, glaube ich, eine Chance gewesen für Berlusconi – muß man jetzt fast sagen: Also lokale Honoratioren für seine Partei zu gewinnen und sich damit auch in eine zirkuläre Beziehung zu dem zu setzen, was lokal vorgeschlagen wird. Aber man muß ja auch zugestehen, daß er wenig Zeit gehabt hat.

Daß sich Parteien in neuen Formen präsentieren, ist ja seit kurzem auch in Österreich zu beobachten, wo die ehemalige Freiheitliche Partei Österreichs unter Haider

*nun als F-Bewegung auftritt. Meinen Sie nicht auch, daß
hier möglicherweise eine symptomatische Entwicklung
vorliegt, in dem Sinne, daß Politik immer weniger mit
klassischer Parteipolitik gleichzusetzen ist?*

Also wenn die klassische Achse sozialistisch versus liberal
nichts mehr bringt, weil alle mit der Weltwirtschaft oder
mit den Finanzsystemen zurechtkommen müssen, alle vom
Kredit abhängen und alle betroffen sind durch Währungs-
kursveränderungen, alle nicht dauernd Industrie subven-
tionieren können, weil kein Markt da ist etc. – wenn also
dadurch die klassischen Optionen links und rechts nicht
mehr funktionieren –, dann bleibt die Frage, wie man
dann dem Publikum, den Wählern, überhaupt noch eine
Wahl anbieten kann. So hat man den Eindruck, daß alle
Parlamentarier in der Gruppe, die man für regierungsfähig
hält, eigentlich Sozialdemokraten mit unterschiedlichen
Parteibüchern sind. Und das ist natürlich eine Chance für
Radikalismen, sei es nun links oder rechts. Der Vorteil im
Moment ist, daß es an beiden Seiten radikal wird und nicht
nur an einer. Die Situation ist also: Man kann nur eine
Gruppierung wirklich wählen, wenn man einen Sinn für
ökonomisch-politische Konsequenzen hat, aber die immer
wieder. Und das ist eine Situation, in der die rechtsradikalen Parteien mit unmittelbaren Appellen gegen Ausländer
und Forderungen nach mehr Polizisten und daß die auch
schießen dürfen Erfolg haben. Und die ziehen Wähler an,
das ist klar. Aber das Bedenkliche ist meines Erachtens
nicht so sehr, daß die 15 oder 20 Prozent anziehen – also
Le Pen beispielsweise, das ist ja ziemlich viel –, oder daß,
wie im Baskenland, eine Partei, die mit Terroristen zu-
sammenarbeitet, 20 Prozent Wähler hat. Das Problem

scheint mir eher der Verlust an Optionsmöglichkeiten zu sein. Man muß die andere Seite wählen, und da ist dann keine sinnvolle Option mehr drin. Und zweifellos gibt es Politiker, die die Chancen in dieser Situation wahrnehmen und mehr oder weniger überzeugend sein können.

In Ihrer Sicht der Dinge würde dies also bedeuten, daß politische Extremismen rechts oder links weiterhin zur Tagesordnung zählen werden und möglicherweise noch mehr Erfolg haben werden als bisher?

Ja. Und es ist zum Teil aber auch eine Frage, inwieweit es gelingt, diese Themen gleichsam in die normale Parteipolitik aufzunehmen und politisch zu neutralisieren. Das versucht man ja mit den Grünen – also die Ökologie ist jetzt ein notwendiger Bestandteil aller Parteiprogramme und die Führungslinie der Grünen ist da gespalten: Kooperation: ein bißchen weniger Beton, ein bißchen mehr Bäume oder so etwas, was dann aushandelbar ist, auf kommunaler Ebene. Das könnte ja im Prinzip auch mit der Frage Rechtsstaat, Polizei, Gewalteinsatz, Ausländerbehandlung [funktionieren]. Man könnte auch sagen: Wir verwandeln das »Ausländerproblem« in ein Verwaltungsverfahren, das die Staatszugehörigkeit regelt – also bestimmte Formen annimmt, die auch rechtsstaatlich legal gemacht werden –, und gleichzeitig verstärken wir den Polizeieinsatz.

Was ja so in Österreich auch geschehen ist ...

In gewisser Weise sind das aber auch historische Zufälligkeiten, die von Land zu Land verschieden sind. In Deutschland sieht man dieses Problem seit dem Auftreten der rechtsradikalen Republikaner deutlich. Und die Frage in den Parteiprogrammen ist immer: Wie kann man ihnen die Themen, die wir auch sehen, aus der Hand nehmen?

Ich habe vor ein paar Wochen in Hongkong einen Vortrag gehalten über unsere Schwierigkeiten in Europa, Sozialisten und Liberale noch zu trennen. In Hongkong hat man das sofort so verstanden, als ob ich damit die chinesische Einparteienstruktur legitimieren wollte. Man glaubte, daß ich sagen wollte: Es ist ja gar nicht so schlimm, daß ihr bald bloß eine Partei bekommen werdet, weil wir haben ja auch nur eine ...

Wenn wir von diesen politischen Einschätzungen wieder zurück zu Ihrer aktuellen Gesellschaftsdiagnose gelangen, so scheint mir, daß sich bei Ihnen in letzter Zeit ein etwas pessimistischer Ton breitgemacht hat. So bemerken Sie in einer Ihrer jüngsten Veröffentlichungen: »Am Ende dieses Jahrhunderts ist kaum zu bestreiten, daß die Menschen mit einer Gesellschaft ohne Glück, ohne Solidarität und ohne Angleichung der Lebensverhältnisse zurechtkommen müssen.« Und weiter heißt es da, »daß zunehmende Mengen von Menschen aus fast allen Möglichkeiten der Teilnahme an den Errungenschaften der modernen Gesellschaft ausgeschlossen sind«. Sehen Sie wirklich schwarz für unsere weitere Zukunft?

Zunächst halte ich es nicht für eine Aufgabe der Soziologie, eine hilfreiche Rhetorik zu unterstützen, wenn man wissen kann, daß das nicht wirkt. Das bedeutet natürlich auch nicht, daß die Arbeiten der Kirchen in den brasilianischen Favelas umsonst sind, das bedeutet nicht, daß das Privateigentum des Landes nicht einen Unterschied machen würde.

Also dann müßte man von der gesellschaftstheoretischen Ebene mit anderen Sachen rauskommen.

Zum Beispiel gibt es ein Impfprogramm in den Favelas – also vor Seuchen haben natürlich auch die reichen Leute Angst, und die Seuchen respektieren die Grenzen der Favelas nicht. Und das Seuchenprogramm wird motiviert. Da gibt es Milchgutscheine, die wieder handelbar sind. Die Männer können dafür Bier kaufen und so ... Also wenn man sich das konkret ansieht, würde einem, glaube ich, immer etwas einfallen, was man an dieser Stelle anders machen könnte. Nur: das auf Gesellschaftstheorie hochzurechnen, das was man in Recife sieht oder in den Ghettos der US-amerikanischen Großstädte, oder wenn man auch nur wissen wollte, welche Ausmaße die Ghettobildung in Europa annehmen würde – wir kriegen ja auch diese Entwicklung, Wohngebiete zu ghettoisieren –, also die Ausschließung zusätzlich noch räumlich zu markieren. Nicht sozusagen das Unglück der Alten, die in ihrer Wohnung sitzen und kaum noch von ihrer Rente leben können. Also wenn man das jetzt konfliktfähig macht, indem man das – also, wenn man solche Sachen wie z. B. Regionalisierungseffekte und Unterschiede ernst nimmt, dann hat man gleichsam lokalpolitische Möglichkeiten, da hat man natürlich sofort Widerstände. Also das Problem ist, wenn man an einer Gesellschaftstheorie interessiert ist, daß man zunächst einmal die Probleme ernst nehmen muß.

Für mich ist die Zeit, wo man die Gesellschaft von ihrer Einheit her beschreiben kann, denken kann, ausgelaufen: Man muß sie von ihrer Differenz her beschreiben.

Unsere Zukunft hängt von Entscheidungen ab

Niklas Luhmann im Interview mit Rudolf Maresch

Rudolf Maresch: Niklas Luhmann, von den Ereignissen des Mai 68, seinen Anlässen und Folgen haben Sie bekanntermaßen ein sehr negatives Bild. Warum eigentlich? Den Prämissen der Systemtheorie folgend, müßten Sie diesen Modernisierungsschub, den die Geschehnisse in der alten Bundesrepublik hervorgerufen haben, doch eher begrüßen?

Niklas Luhmann: Ich weiß nicht, ob man die Ereignisse positiv oder negativ aufteilen oder beurteilen kann. Einen Modernisierungsschub sehe ich überhaupt nicht. Ich wüßte nicht, was am Mai 1968 Modernisierung war ...

... Auflösung traditionaler Bindungen, Individualisierung, Neudefinition der Frauenrolle und der Kindererziehung ...

Es handelte sich eher um Gruppenbildungstendenzen, bei denen die Individuen herausgefallen sind. An der Universität zum Beispiel kann von Individualisierung nicht die Rede sein. Dort ist eine Demo-Bürokratie entstanden, d. h. eine Möglichkeit, über Gruppen konsensfähige Themen zu testen. Die Verbreiterung der Konsensbedürftigkeit bedeutete aber gleichzeitig auch die Verhinderung der

Behandlung von Gegenständen, die keinen Konsens fanden.

Haben sich nicht doch auch neue Ideen entwickelt, die später in die bürokratischen Organisationen Eingang gefunden haben? Beispielsweise wurden die Systeme offener für Kritik und reagieren jetzt viel flexibler auf Einspruchsnahmen. Diese Veränderungen in Richtung auf mehr Differenz und mehr Komplexität erregen immer noch so manchen Wertkonservativen, der in den Ideen der 68er das Übel für die gegenwärtigen Probleme erblickt.

Sicher! Es gibt eine stärkere Orientierung auf Sozialität. Diese Tendenz sieht man im Rechtssystem, beispielsweise in der Jugendgerichtsbarkeit, oder auch an den Personalbewegungen der 68er in den Radioanstalten und in der Presse. Was daran aber – um noch einmal darauf zurückzukommen – modern sein soll, sehe ich nicht. Die 68er haben mehr Sozialität, aber auch mehr Komplikationen und in gewisser Weise mehr Komplexität in die Organisationen hineingebracht. Was sich aber außerhalb der Organisationen geändert haben soll, vermag ich nicht zu sagen.

Diese negative Einschätzung richtet sich auf alle Protestbewegungen, was mich, ehrlich gesagt, erstaunt. Auch wenn Hoffnungen in Enttäuschungen und Resignation umschlagen, anvisierte große Ziele sich im nachhinein als illusionär herausstellen und einige Protagonisten in gut dotierte Posten einrücken, gelingt es sozialen Bewegungen doch immer wieder, neue Themen, Problemstellungen und Wirklichkeiten einzuführen und Positionen neu zu besetzen. Im Prinzip müßten Sie für mehr Protest, für mehr Revolten, ja sogar für mehr Subversion plädieren, da sich dadurch neue Differenzen und (Aus-)Differenzierungsmöglichkeiten ergeben, die sowohl für die Autopoiese des Systems als auch für dessen Eigendynamik evolutionsfördernd und komplexitätssteigernd sind und zu besserer Performanz des Systems führen.

Meine Haltung gegenüber Protestbewegungen ist nicht unbedingt negativ. Vielleicht muß man zwischen Realität und Anspruch genauer unterscheiden. In der Realität haben diese Bewegungen durch sehr enge Kooperation mit den Massenmedien tatsächlich neue Themen nicht nur vorgeschlagen, sondern auch weitgehend durchgesetzt. Das gilt besonders für die Ökobewegung, zum Teil auch für die Frauenbewegung, nicht so sehr für die Friedensbewegung. Themen, die politisch nicht beachtet wurden, sind durch die Neuen Sozialen Bewegungen durch einen Verbalstil, aber auch durch einen sichtbaren Stil, wie Demonstrationen ihn haben, in die Öffentlichkeit getragen und folglich von den Medien aufgenommen worden. In manchen Dingen kann man diese Aktionen durchaus positiv einschätzen. Problematisch ist aber die Vorstellung auf seiten der Neuen Sozialen Bewegungen, im Besitz besseren Wissens zu sein. Im Zusammenhang mit einer Theorie, die die moderne Gesellschaft über funktionale Differenzierung beschreibt, sind Bewegungen, die nicht den Anspruch erheben, anstelle der Wirtschaft, der Politik oder der Wissenschaft zu wirtschaften, zu regieren oder zu forschen, Randerscheinungen. Forderungen, die von außen an Systeme herangetragen werden, ohne deren Funktionen übernehmen zu wollen, stellen eine

Anmaßung dar. Hinterher kommt dieses Problem in der Verhandlungsunfähigkeit zum Ausdruck. Bewegungen werden gespalten in Teile, die kompromißbereit sind und mitwirken wollen, oder in Teile, die an Prinzipien festhalten und dann enttäuscht werden.

Wenn normative Ansprüche sozialer Bewegungen die Funktionstüchtigkeit von Systemen eher schwächen und mehr Schaden als Nutzen im System verursachen, sollten Widerstands- und Protestformen dann möglichst unterbleiben?

Ich würde nicht unbedingt von mehr Schaden als Nutzen sprechen. Wahrscheinlich muß die Geschichte nach verschiedenen Themen aufgegliedert und im Detail geprüft werden. Die Umstellung der Ökonomie auf stärkere Beachtung ökologischer Fragen ist kein bloßer Kostennachteil. Die Ökobewegung hat auch zur Erschließung neuer Märkte geführt und neue Verfahren und ein neues Nachdenken über andere Formen der Produktion erzeugt. Aus dem Konkurrenzdruck allein wären solche Neuerungen nicht entstanden. Es gibt also sehr wohl erfolgreichen Widerstand. Andererseits sind die Anti-Ausländer auch eine soziale Bewegung. Was würden Sie denn dazu sagen?

Sie nehmen meine nächste Frage vorweg. Widerstand leisten und Differenzen setzen sind heute Sache rechtsradikaler Bewegungen geworden. Wie schätzen Sie die Aussichten und Ziele dieser »neuen Avantgarde« ein? Würden Sie den nach Verfassungsschutzberichten vielfach unorganisierten, lokal gebundenen und spontan gewalttätigen Protest einiger am Rand des Wohlstands dahinvegetierender Minderheiten mit dem gleichen Begriffsinstrumentarium (funktionale Differenzierung, Kommunikationsanschlüs-se, Institutionalisierung) beschreiben, oder gelten dafür andere Kategorien?

Die Unterschiede sind sehr deutlich. Es würde den Begriff der sozialen Bewegung ausdehnen, wenn man ihm die Neo-Nazis und Rechtsradikalen zuordnen würde. Zudem ist natürlich fraglich, ob sie die Ambitionen haben, eine politische Partei zu bilden und die Demokratie für ihre Zielvorstellungen zu benützen, oder ob sie einfach nur Häuser anzünden und Leute umbringen wollen. Das Phänomen selber aber hindert mich, soziale Bewegung per se als Form für gut zu halten. Es kommt immer darauf an, wie sie sich in die Gliederung einer anspruchsvollen Zivilisation einfügen. Und es kommt auf die Art der Motive an. Bei den Neuen Sozialen Bewegungen hat man durchweg den Eindruck, daß sie ihre Motive ehrlich deklarieren, während man bei den Neo-Nazis das Gefühl hat, sie hätten nur Radau im Sinn und wollten die Leute mit dem Schmieren von Hakenkreuzen auf die Grabsteine von Juden schockieren. Die Kommunikation von Motiven ist unüberzeugend, sie harmoniert mit einer völligen Desorganisation und der zufälligen Rekrutierung von Individuen.

Die Aktionen der Neo-Nazis – Sie haben das Schänden von Judenfriedhöfen erwähnt – kann man vielleicht auf struktureller Ebene in gewisser Weise mit surrealistischen Provokationsformen vergleichen. Nachdem unsere politischen Öffentlichkeiten linksliberal diskursiviert und alle möglichen Provokationen von links hinfällig und überflüssig geworden sind – sie sind vielfach akzeptiert und vereinnahmt –, meldet sich der Protest und die Provokation jenseits oder außerhalb der Grenzen unserer Diskursivität auf völlig unerwarteter Ebene wieder. Also noch einmal gefragt: Lassen sich diese Provokationsformen mit dem Begriffsinstrumentarium der Systemtheorie beschreiben?

Auch wenn es problematisch ist, würde ich diesen Protest auf eine Linie mit Fundamentalismus, mit religiösen Fundamentalismen und ethnischen Gruppierungen bringen. Trotz der Ähnlichkeit der Phänomene messe ich ihnen aber nicht den gleichen Wert zu. Es gibt Tendenzen, die moderne, zunehmend weltgesellschaftliche Zivilisation einfach zu attackieren. Man sucht etwas, wo man sich als Individuum voll engagieren kann und etwas sein kann, auch gerade mit Blick auf das Risiko, verachtet oder bestraft zu werden. Passiert ein solcher Ausschluß, so hat man immer noch eine Gruppe, die soziale Unterstützung gewährt. Ähnliche Vorgänge finden Sie in Esoterikzirkeln oder Voodoo-Kulten. Es hängt aber letztlich konkret immer davon ab, wie stark solche Gruppierungen religiös oder politisch zu dem System passen.

Meines Wissens haben Sie solche ethnischen oder religiösen Ausfälle auch als »reine Zufälle« und »regionale Besonderheiten« bezeichnet, die bald wieder abebben würden und daher für die zukünftige Entwicklung der Moderne keine Bedeutung haben werden.

Alle diese Phänomene sind modern, d. h. sie entstehen in diesem Jahrhundert. Das gilt auch für neue religiöse Kulte. Vor allem an der Situation des Islam sieht man, wie neu das Phänomen ist. Die Frage ist, ob und wie sich diese Einbrüche auffangen und normalisieren lassen?

Gibt es einen islamischen Staat, der bestimmte Regeln konsequent durchsetzt? Die Scheichs sagen im Blick auf den Iran und Saudi-Arabien: Es gibt heute keinen Staat, der nach dem Koran regiert wird. Daran sieht man schon, wie Traditionen abbrechen und in bestimmte Formen der Adaptierung an funktionale Differenzierung münden. Die Theorie ist nicht die Gesellschaft.

Die Systemtheorie tritt mit dem ehrgeizigen Projekt an, die moderne Gesellschaft mit diskursübergreifenden Kategorien und neuem Instrumentarium (Variation, Selektion, funktionale Äquivalenz, Selbst- und Fremdreferenz usw.) adäquater und besser beobachten und beschreiben zu können. Ihren eigenen Worten nach steht sie mit ihrem Programm noch am Anfang. Jedoch sind die ersten Schritte zur Formulierung einer neuen und modernen Gesellschaftstheorie schon erfolgt. Darf ich Sie fragen, wie weit Sie in dieser Frage schon vorangekommen sind und wann wir auf eine den beschleunigten Verhältnissen angepaßte und angemessene Gesellschaftstheorie hoffen dürfen?

Es handelt sich hier um eine Entwicklung, in der man mittendrin steht und ein Abschluß noch nicht absehbar ist. Ich könnte natürlich so weitermachen. Momentan verspüre ich eher die Tendenz, die Funktionssysteme selber zu beschreiben und eine Theorie für alle Funktionssysteme zu schreiben, weil ich auf diese Weise neu entstandene Ideen und Probleme in die allgemeine Gesellschaftstheorie überführen kann. Bücher über die Wirtschaft, die Wissenschaft und das Recht der Gesellschaft sind erschienen; andere über die Kunst, die Religion und die Politik der Gesellschaft sind Projekte im Manuskriptzustand. Darüber hinaus gibt es einen voluminösen Manuskriptkomplex zur Gesellschaftstheorie. Ausschnitte davon sind jetzt in italienischer Sprache erschienen. Sicherlich wird der Text auch hier irgendwann einmal publiziert werden, wenn ich das Gefühl habe, daß sich nicht mehr viel ändern wird.

Die Gesellschaftstheorie, auf die so viele warten, ist demnach in ihren Grundzügen fertig?

Ja! Zumindest soviel kann ich jetzt schon sagen. Ich gehe nicht mehr von Prinzipien aus, sondern sehe das strukturell Moderne in der Vergleichbarkeit von Funktionssystemen. Überall gibt es funktionale Spezialisierung, Codierung, Medien usw. In dem Maße, wie ich es auf Tatsachen beziehen und folglich wirklich beschreiben kann, trägt sich die Theorie gesellschaftlicher Systeme als ein Konglomerat von Funktionssystemen, die nicht nach einem Prinzip, einem Wert oder einer Norm, auch nicht nach einem Sittengesetz beschrieben werden, sondern aus der Vergleichbarkeit infolge von Autonomie, Autopoiesis, operativer Schließung usw. Im Augenblick versuche ich zu sehen, wie weit ich damit komme und welche Konzessionen ich machen muß, wenn es nicht oder nicht gut funktioniert.

Wo liegen denn Ihrer Meinung nach noch die meisten Probleme?

Ich denke beispielsweise ans Erziehungssystem. Hier steht nicht der kommunikative Erfolg, sondern die Personänderung, also ein Eingriff in die Umwelt, im Vordergrund. Damit verhält es sich anders als in der Ökonomie, im Recht oder in der Wissenschaft, wo man einfach bestimmte Sinnangebote durchsetzen will. In der Kunsttheorie ist die starke Wahrnehmungskomponente, die nicht nur über

Texte läuft, im Kunstwerk selbst aufzufinden. Natürlich muß man noch Texte lesen oder Vorträge hören können, aber alles, was über Vertextung läuft, hat eine andere Form der kommunikativen Vermittlung als die der direkten Wahrnehmung. Hier sind Unterschiede, und mich interessiert zum einen, wie viele Unterschiede man mit einem Instrumentarium, das einen gewissen Abstraktionsgrad hat, übergreifen kann. Und mich interessiert zum anderen, wie stark man Begriffe wie Medium abstrahieren muß, um das herauszubekommen.

Die Systemtheorie haben Sie als Supertheorie bezeichnet, weil sie mit universalistischen Ansprüchen auftritt. Seit dem Verlust des Vertrauens in die grands récits haben wir gelernt, solchen Postulaten reservierter zu begegnen. Einige sind deswegen bereits dazu übergegangen, es bei bloßer Zeitdiagnose oder Analyse zu belassen und den Theoriebegriff tunlichst zu meiden. Warum halten Sie trotzdem an der Möglichkeit fest, eine universalistische Theorie zu kreieren, paradoxerweise auch noch mit der Behauptung, nicht zu sehen, was zu sehen ist?

Jeder hat einen blinden Fleck, und eine der Thesen der Systemtheorie besteht darin, daß die Differenz von System und Umwelt eine unbeobachtbare Welt erfordert. Die Einheit der Differenz, also die Frage, was ist in ihr dasselbe, kann man nicht bezeichnen, wenn man die Differenz selbst operativ als Unterscheidung verwendet, so daß alles entweder zum System oder zur Umwelt gehört. Insofern ist der Bezug auf Paradoxie und Unbeobachtbarkeit ein zentrales Thema dieser Selbstbeschreibung der Systemtheorie. Die Theorie wendet die Einsichten, die sie über Gegenstände erzeugt, autologisch im Rückschluß auf sich selber wieder an. Darin steckt eine Form von Universalität, nämlich das Verbot der Selbstexemtion. Man darf sich nicht selber aus einer Theorie herauskatapultieren. Die Außenposition einzunehmen und quasi von außen die Welt zu beobachten, ist als universelles Konzept nicht durchführbar, da die Welt in den Gegenstand und den Beobachter geteilt wird. Universalität halte ich aber trotzdem für möglich. In der intellektuellen Landschaft heute ist dazu viel Stückwerk vorhanden. Diese brachliegenden Ansätze müßten nur aufgesammelt und koordiniert werden.

Durchaus wohlgesonnene Kritiker kleiden Vorbehalte gegen einen zu exzessiven Gebrauch der Systemtheorie bisweilen in den Verdacht, die Systemtheorie könne allmählich scholastische Züge annehmen. Treffen solche Verdachtsmomente zu? Gibt es eine Form der Kanonisierung der Systemtheorie?

Ja und nein! Ich bin durchaus frei für Änderungen oder Akzentverschiebungen. Wir haben hier in Bielefeld mehrfach und ziemlich intensiv darüber diskutiert, ob die Figur des Beobachters jetzt eine andere, dominantere Rolle spielt, weil der Beobachter überhaupt erst Systemtheorie anwendet. Andererseits muß er aber, um sein eigenes Dasein zu reproduzieren, selbst System sein, so daß Zirkularität und alle diese hochabstrakten Figuren allmählich den klassisch-kybernetischen oder selbstorganisatorischen Theoriezusammenhang überlagern. Zudem gibt es viele Anwendungen, die notwendigerweise nur partielle Teile des Theoriearsenals verwenden und schon dafür fast zu komplex sind. Um diese Schwierigkeit zu vermeiden, müßte man zu viele Erläuterungen vorausschicken, die den Text extrem langweilig und auch ungenau machen würden. In Leiden hat jetzt eine Arbeitsgruppe ein Buch über Kommunikation und Differenz 1 publiziert, in dem ein Teil der Systemtheorie als Leitfaden verwendet wird. Jede Kommunikation teilt nicht nur etwas mit, sondern auch noch das, wovon sich das Gesagte unterscheidet. Literatur kann nur wirklich begriffen werden, wenn nicht nur das Gesagte kritisiert wird, sondern auch sein Wogegen mitbedacht wird. Action Painting ist eine Handlung, die gegen das Abmalen oder auch gegen das Verstecken des Könnens gerichtet war. Man wollte nicht zeigen, was man konnte. Das Bild allein sollte überzeugen. Hier wird nicht mehr vom Bild her gedacht, sondern von der Differenz, die dieser Stil in bezug auf etwas anderes hatte. Diese Form der Beschreibung kann man gut machen. Aber natürlich lohnt es sich nicht, den ganzen Theorieapparat zitatweise in die Definition einzubringen. Daraus resultiert eines der Probleme. Die Theorie ist fast zu komplex für Anwendungen.

Findige Kritiker sind inzwischen auf die Idee gekommen, der Systemtheorie eine Erhabenheit zu unterstellen? Gibt es etwas Erhabenes in ihr? Ist die Systemtheorie erhaben? Ist sie gar göttlichen Ursprungs und Luhmann derjenige, der Gott bei der Arbeit beobachtet?

Nein! Ich versuche das durch Ironie herauszukriegen. Es gibt eine schöne Beschreibung der Kategorie des Erhabenen bei August Wilhelm von Schlegel, in der er das Erhabene als vornehmes Abführmittel bezeichnet. Bei Verstopfung müßte man demzufolge Erhabenheit einführen. Schlegels

Bemerkung bezieht sich natürlich auf die Diskussion des 18. Jahrhunderts und vielleicht auch auf Kant. So wie jedoch Lyotard das Erhabene gebraucht – einerseits als Kategorie der Grenzüberschreitung der schönen Formen und der gut proportionierten Darstellung durch Schreckliches, andererseits aber auch als Hinweis auf Transzendenz durch Indikatoren wie Tod, Endlichkeit und Unzulänglichkeit – müßte es in die Theorie erst eingearbeitet werden. Die Theorie muß in ihren Gegenständen vorkommen, sie ist nicht die Gesellschaft, sondern nur ein kleines, mikroskopisch zu entdeckendes, winziges Phänomen in der Gesellschaft. Darin liegt Ironie. Religionsphänomene mit dieser Theorie zu behandeln, erzeugt einen dekonstruktiven Effekt. Theologen, aber auch Pädagogen, glauben immer, es sei ein Überlegenheitsanspruch angemeldet, wenn ich sie beschreibe. Das ist aber ein Irrtum. Der läßt sich leicht erkennen, wenn funktionale Differenzierung als Strukturmerkmal genommen wird.

Meine Frage fußt auf der Vorstellung, daß Systeme nicht mehr zugrunde gehen können, und da sie sich immer weiterentwickeln, sie möglicherweise auch noch den Tod besiegt haben. Aus der Unsterblichkeit der Systeme, die bekanntermaßen eine Kategorie ist, die Gott zugeschrieben wird bzw. mit der er beschrieben werden kann, könnte man auch auf die Idee kommen, Systeme als göttlich zu bezeichnen und ihnen göttliche Herkunft zu unterstellen, natürlich in einem säkularen, nicht mystisch-mythischen Sinn.

Es läuft eher umgekehrt. Von der Systemtheorie aus frage ich, wozu man eine Gottesfigur braucht und so kommt man auf den Beobachter. Gott beobachtet uns und wir haben

45

Mühe zu beobachten, wie er uns beobachtet. Dafür gibt es den Teufel, der das einigermaßen kann, und natürlich die Theologen als Beobachter des Beobachters Gott. Auf dieser Grundlage ergibt sich eine Darstellung des Monotheismus als eine bestimmte Variante von Religiosität oder eine Kombination von Welt und Religion. Diese Darstellung bedeutet aber nicht, daß man die Systemtheorie auf dieselbe Position bringt. Die Beschreibung versteht sich nicht als eine Form des Besserwissens. Sie ist vielmehr ein Versuch, die vorhandenen Beschreibungsmittel erfolgreicher anzuwenden und zu perfektionieren. Die Systemtheorie bleibt ein Versuch, innerhalb der Wissenschaft und der Soziologie etwas besser zu machen. An diesen Punkten ist der Soziologe am Ende.

Der große Vorteil der Systemtheorie gegenüber anderen traditionellen Theorien ist ihre Evolutionsfreudigkeit, die sie für diverse heterogene Anschlußmöglichkeiten offen macht. Nach einem Urteil des französischen Soziologen Jean Baudrillard befinden wir uns aber bereits nicht mehr »im Wachstumsstadium«, sondern längst »im Zustand der Auswüchse«, der Überfülle, der Metastasen. Insbesondere dieser Umstand der Überfettung und Saturiertheit aller gegenwärtigen, wohlgemerkt westlichen Systeme trüge gerade nicht mehr zu weiterer Differenzerzeugung und komplexeren Kommunikationsmöglichkeiten bei, sondern führe fatalerweise zu mehr Trägheit, Indifferenz und Entropie. Wie bewerten Sie diese Tendenz zu mehr Kommunikationsverweigerung und Vergleichgültigung?

Sie werden verstehen, daß ich Ihre Frage nicht in der Sprache Baudrillards beantworten kann. Ich würde die

Kategorie Entropie/Negentropie nicht unmittelbar mit der Theorie der Autopoiesis, also der Selbstreproduktion des im Prinzip unendlichen Weiterlaufens, verquicken. Baudrillard bezieht sich vielleicht auf autopoietische Systeme, deren Strukturen wuchern und sich differenzieren, solange es geht. In der neueren Evolutionstheorie sagt man: Systeme bauen Ordnung und komplexere Niveaus von Varietät und Redundanz oder Unordnung und Ordnung auf. Die Chaostheorie selbst hat diese Tendenz, das unvorhersehbare Umspringen von Irritation auf Ordnung, von Rauschen in strukturierte Ordnung zu thematisieren. Die Dualität von Entropie und Negentropie wird jetzt viel komplexer gesehen. Die Unvorhersehbarkeit der Strukturbrüche oder Katastrophen in diesem René Thom'schen* Sinne steht momentan generell zur Diskussion.

Demnach würden Sie diese Beschreibung für zutreffend halten? Befinden sich die westlichen Systeme in diesem Zustand? Wenn ja, wie könnte der Soziologe darauf angemessen reagieren?

Die Weltgesellschaft befindet sich in diesem Zustand. Nehmen Sie nur die internationalen Finanzmärkte, das Ausmaß der Spekulation im Verhältnis zur Investition. Oder denken Sie an den Technologiesektor. Wie kommen wir zu hinreichend Kapital für neue Technologien? Oder denken Sie an den Staat. Wie wird ein wohlfahrtsstaatlich funktionierender Staat mit Risikoproblemen oder weltgesellschaftlichen

---

* René Thom (1923-2002) war ein französischer Mathematiker und Philosoph. 1958 wurde er für besondere Verdienste um die Mathematik mit der Fields-Medaille ausgezeichnet. Am bekanntesten wurde er für seine Katastrophentheorie, ein früher und wichtiger Beitrag zum Gebiet der Chaos-Forschung.

Normierungen wie Menschenrechten fertig? Ist die Idee des souveränen Staats noch eine geeignete Adresse, um lokal für Ordnung zu sorgen? Überall gibt es Probleme zuhauf, an denen etwas geändert werden müßte. Hier ist der Soziologe am Ende. Er beobachtet noch die Probleme, aber er sieht nicht mehr die Lösung(en). Allerdings kann er viele Phänomene ungelösten Problemen zurechnen und durch diese Beschreibung kann er zumindest viele Verworrenheiten und viele unmittelbare politische und ressentimentgeladene Diskussionen beiseite lassen.

Entschuldigen Sie meine Hartnäckigkeit, aber mich interessiert dazu der systemische point of view. Inzwischen hat Baudrillard seine Theorie weiterentwickelt. Er spricht von viralen Prozessen, die sich innerhalb metastatischer Systeme gebildet hätten. Mithin würden jetzt Subversion und Destabilisierung »im Herzen der Systeme« lokalisierbar. So gesehen würden die Systeme auch noch am Erreichen irgendeines Zieles gehindert und in einen ewigen Kreislauf hineingerissen.

Ich stelle mir das viel konkreter vor als mit so allgemeinen Ausdrücken wie ›die Moderne‹ oder ›die Systeme‹. Welche Diskrepanzen zwischen den Generationen können Familien noch verkraften? Wie muß bei stärkerer Bedeutsamkeit von Altersgruppen, Massenmedien und kostspieligerem Konsum eine Ehe geführt werden, damit die Beziehung zu den Kindern noch funktioniert? Wo sind etwa Veränderungen in der Funktionsweise der Ökonomie zu erwarten? Was geschieht, wenn mit den alten Semantiken, Beschreibungen und Strukturen weitergemacht wird? Ich tendiere als Soziologe dazu, die Geschichte nicht so literarisch zu behandeln und zu sagen, wenn es in der Ökonomie nicht mehr funktioniert, könnte es auch politisch nicht mehr funktionieren usw., sondern mehr aufzugliedern. Man muß genauer beobachten, wie die Politik mit einer nicht mehr gut funktionierenden Ökonomie zurechtkommt. Nehmen Sie die Arbeitsplätze, die heute ein Problem geworden sind. Obwohl nur die Ökonomie sie schaffen kann, fallen sie jetzt in politische Verantwortung zurück. Alles muß bezahlt werden, doch wer hat das Geld und wer verwendet es für Zwecke, z. B. Investitionen, die die Politiker sich wünschen? Der Staat muß es aus der Ökonomie holen. An solchen Punkten lehne ich Pauschalierungen trotz des Abstraktionsgrads der Beschreibungsmittel ab.

Zwingt diese »Virulenz von Viralität«, die jetzt nahezu alle Systeme erfaßt hat, nicht zumindest zu einem Überdenken der System/Umwelt-Differenz? Überall meldet sich doch die Umwelt bzw. das Reale immer heftiger und blutiger zu Wort?

Wenn man die Differenz aufgibt, kollabiert auch die Beschreibung. Die Möglichkeit, daß ein System durch die Umwelt destruiert wird, nimmt gewiß zu. Aber die Systeme sind vielleicht stärker gefährdet durch die Steigerung der Irritabilität eines Systems und durch seine Abhängigkeit von der Technik oder von der Zunahme der Abhängigkeit des Familienglücks vom Geld oder der Abhängigkeit der Politik von einer florierenden Ökonomie. Solche strukturellen Kopplungen kann man aber nur beschreiben, wenn man die System/Umwelt-Unterscheidung voraussetzt. Ist alles dasselbe, dann kann man nur noch allgemeines Unheil wittern.

Unheilssemantiken meinte ich jetzt gar nicht. Zeigen nicht viele Ereignisse der Gegenwart – nehmen wir nur die jüngsten, die Morde von Mölln oder Solingen* –, wie labil und instabil inzwischen die Funktionstüchtigkeit der Systeme geworden ist und welches enorme Beben bereits ein kleiner Schmetterlingsschlag im Innern der Systeme hinterlassen kann.

Kann man hier schon von Instabilität sprechen? Andere Sachen, die vielleicht viel wichtiger sind, werden dadurch überdeckt. Wie kommen wir dazu, Geld in den Osten zu transferieren, das nicht mehr sofort zurückkommt? Wie kommen wir dazu, Spekulation und Investition einander anzunähern? Wie schützen wir uns vor medizininduzierten Krankheiten? Bestimmte Themen, die die Medien nicht so herauspicken, weil sie spektakulären, filmreifen Szenen nicht entsprechen, verlieren ihre politische Bedeutung oder bekommen sie erst gar nicht. In Solingen sah man das abgebrannte Haus. In Amerika verlief es ähnlich nach dem Rodney King *beating trial**. Obwohl man nicht wußte, ob

---

* Die Morde von Mölln waren das Ergebnis eines Brandanschlags in der Nacht auf den 23. November 1992 auf zwei von türkischen Familien bewohnte Häuser in der schleswig-holsteinischen Kleinstadt Mölln. Bei dem Brandanschlag von Solingen am 29. Mai 1993 wurden fünf türkische Mitbürger getötet. Beide Taten hatten einen rechtsextremem Hintergrund.

** Rodney Glenn King ist ein afroamerikanischer US-Bürger, der in den 1990er Jahren als Opfer von Polizeiwillkür bekannt wurde. Bei seiner Verhaftung, die von einem Anwohner zufällig gefilmt wurde, gingen die Beamten derart brutal gegen den Schwarzen vor, dass vier nicht-schwarze Polizisten (drei weiße und ein Latino) dafür vor Gericht gestellt, aber freigesprochen wurden. Das Urteil löste die Unruhen in Los Angeles 1992 aus, bei denen enorme Sachschäden von mehr als 1 Milliarde Dollar entstanden.

die Polizisten nicht auch einen Weißen geschlagen hätten, wenn dieser als gefährlicher Verbrecher vorgezeichnet gewesen wäre, lief alles über die Rassenfrage. Alle diese Selektivitäten müssen nicht gleich als Destabilisierung gelesen werden. Medien leben davon und die Politik lenkt sich damit in gewisser Weise ab. Sie bekommt dadurch die Gelegenheit, ihren guten Willen zu dokumentieren und wieder in die Presse zu kommen. Mich besorgt eher die Einseitigkeit der Selektionsweise der Medien, auch die der sozialen Bewegungen oder aller Gruppen, die sich besonders aufgeregt zeigen und das Ausmaß der Dinge, über die man sich tatsächlich aufregen könnte, verkennen. Welche Vorstellung haben wir vom Körper Helmut Kohls?

Die Systemtheorie definiert Gesellschaft nicht mehr über soziales Handeln, sondern über Kommunikation und das Prozessieren von Kommunikation. Damit schafft sie sich alle kontingent handelnden Menschen und eine Menge daran geknüpfter Folgeprobleme (ethnische, nationale, kollektive Identifikationsfiguren) vom Hals. Mit Blickrichtung auf die Umwälzungen im Osten Europas, die durch unblutige Aufstände real existierender Individuen vollzogen wurden, hat jetzt beispielsweise Ulrich Beck von einer gründlichen Widerlegung der Systemtheorie gesprochen. Markiert 1989 einen Bruch in den eingeschliffenen Selbstbeschreibungen der Systemtheorie? Muß sich die Systemtheorie mehr als bisher auf die ungemütliche »Rückkehr der Individuen« gefaßt machen?

Der Kritik liegt ein Mißverständnis zugrunde. Menschen gehören zwar zur Umwelt, deswegen haben sie aber nicht keine Bedeutung. Die Systemtheorie ist eine Theorie der

Differenz von System und Umwelt. Obwohl die Systeme nur über Kommunikation verfügen, mithin nur winzige Teile der kausal notwendigen Ursachen manipulieren, benützen und auswechseln können, impliziert die Frage, wie die Differenz reproduziert wird, nicht, daß die Menschen verschwunden wären.

Ulrich Beck sieht in der Erstürmung der Berliner Mauer auch eine Bestätigung für seine Neubestimmung einer »Politik von unten«.

Das ist Unsinn! Es gibt bald fünf oder sechs Milliarden Menschen. Den Begriff »Individuum« müßte man erst mit 6 Milliarden multiplizieren und sich dann die Frage stellen, wie es kommt, daß ein einzelner wichtig wird. Was seligierte bspw. Gorbatschow, und was gab seinen Äußerungen Profil und Folgewirkung? Oder nehmen wir den Sturm auf die Berliner Mauer. Woher wußten die Menschen, daß die Berliner Mauer diese berühmte Mauer ist? Doch nur von den Medien. Deren Erstürmung auf die Individuen zu beziehen, die Mut fassen und drüberkrabbeln, ist einfach soziologisch nicht haltbar. Gewiß nehmen die individuellen Ansprüche ans Leben zu und führen zu einem massenhaften Auftreten von Individualität an den Grenzen der Systeme, aber auch an den Grenzen von Organisationen oder in der Art, wie Massenmedien oder wie Kunstwerke produziert werden. Die Prätention, wenn ich etwas für richtig halte, müßten die anderen mich so akzeptieren, wie ich bin, ist sicherlich ein Phänomen, aber wiederum kein individuelles. Da es in solcher Massierung gleichzeitig auftritt, kann seine soziologische Erklärung letztlich nicht in der Individualität des Individuums lokalisiert werden. Vielmehr muß man fragen, welche Kommunikationen produzieren eine solche Erscheinung in der Umwelt der Gesellschaft, die aus psychischen Systemen und Körpern besteht.

Bislang hat die Systemtheorie den menschlichen Körper nur als Fremdreferenz zugelassen. Damit korrespondiert sie interessanterweise mit einem maschinellen Denken, dem es darum geht, Körper und Denken voneinander zu scheiden. Sowohl auf der Ebene der AI-Forschung als auch im epistemologischen Bereich erleben wir zur Zeit ein überraschendes Re-Entry des Körpers. Für wie epistemologisch gewinnbringend halten Sie solche Bemühungen, dem menschlichen Körper die notwendige Distanz zu nehmen und ihn als unverzichtbaren Teilbereich in die selbstreferentiellen Bewegungen des Systems wiedereinzuführen? Könnte nicht damit dem allzu hohen Flug über den Wolken wieder mehr Bodenhaftung gegeben werden?

Ich unterscheide zwischen dem biologischen Körper, von dem wir so gut wie nichts wissen, und dem perzeptiv wahrgenommenen Körper des anderen. Auf der Ebene der Systemtrennung ist die Reproduktion einer Zelle oder der Blutkreislauf kein sozialer Prozeß. Ich denke, das wird niemand bestreiten. Erst wenn die Systeme getrennt sind, taucht die Frage auf, wie der Körper in der sozialen Kommunikation zum Thema gemacht wird. Wahrnehmungen, Bedürfnisse, Gewalt und Sexualität sind klassische Thematisierungen, in denen der Körper in der sozialen Kommunikation eine Rolle spielt. Auch die präventive Medizin bringt den Körper als Moment des täglichen Lebens ganz anders in die Aufmerksamkeit und in die Kommunikabilität. Eine ebenso bedeutende Rolle spielt das Fernsehen. Es produziert ein neues Körperbewußtsein, indem es Körperbewegungen filmt und sie mit entsprechenden Geräuschen und Tönen untermalt. Nur so haben wir im übrigen eine Vorstellung vom Körper Helmut Kohls. Der Körper ist sicherlich ein Thema für die Systemtheorie. Jedoch würde ich immer fragen, in welchem Sinne, unter welchen historischen Bedingungen und in welchem Zusammenhang mit anderen Strukturen des Gesellschaftssystems. Natürlich kann man solche Veränderungen nicht mit der Körperlichkeit des Körpers erklären. Die war immer schon da. Nach einer sehr schönen Studie von Friederike Hassauer* mußten Pilger auf ihrem Weg nach Santiago de Compostella um der Sündhaftigkeit des Körpers willen körperlich leiden. Die Reue und Buße war eine Buße des Körpers. Und plötzlich kam es auf Gesinnung an, d.h., ob jemand, wenn die Frage auftrat, wirklich ein Pilger war, oder ob nur Gesten nachgemacht wurden, weil in Nürnberg die Pest ausgebrochen war und die reichen Leute, um ihr auszuweichen, auf Pilgerfahrt fuhren. Somit gab es eine Tendenz weg vom Körper. Der Körper verschwand als sicherer Indikator für eine Gesinnung, seitdem die moderne Religion auf Innerlichkeit bezogen und die Ethik eine Überzeugungsethik und kein bloßer Habitus war. Eine empirische Frage wäre es, zu prüfen, ob sich dieser Sachverhalt heute verändert hat. Aber alle diese Fragen, die Korrelate sozialer Veränderungen betreffen, haben

---

* Friederike Hassauer, Santiago: Schrift, Körper, Raum, Reise. Eine medienhistorische Rekonstruktion, München 1993.

nichts mit Blutkreislauf, mit der Qualität von Augen und Ohren oder mit dem Größenwachstum des Gehirns zu tun. Computerisierung führt zur Dezentralisierung.

Innerhalb der Theorie sozialer Systeme gibt es – wie im übrigen in der gesamten soziologischen Theorie(bildung) – eine eklatante Vernachlässigung technisch-medialer Dispositive. Wieso bleibt eigentlich die Systemtheorie auf diesem Gebiet so merkwürdig blind? Kann sich eine Theorie, die in der Analyse gesellschaftlicher Kommunikation am weitesten fortgeschritten ist, diesen blinden Fleck überhaupt leisten? Muß sie sich nicht wesentlich mehr um die technischen Implementierungen von Medienfunktionen kümmern, die nach Ansicht nicht unbedeutender Medientheoretiker ein neues historisches Apriori darstellen, insofern sie sowohl unsere Wirklichkeitskonstruktionen als auch die Selektionskräfte und die Parameter der gesellschaftlichen Kommunikation zunehmend bestimmen?

Dem kann ich ohne weiteres zustimmen, vielleicht nur nicht auf der Ebene der allgemeinen Systemtheorie. Sie ist im Prinzip unhistorisch und will die Begriffe, mit denen wir arbeiten, klären. Wir haben ausführliche Diskussionen mit Pädagogen über Technologiedefizite, über die feste Kopplung von Ursachen und Wirkungen. Wir haben die Heinz von Foerster-Unterscheidung zwischen trivialen und nicht-trivialen Maschinen, je nachdem, ob Selbstreferenz eingeschaltet ist, und ob das System immer auf seinen momentanen historischen Zustand reagiert und dann unberechenbar wird oder nicht. Ebenso in der Risikoproblematik, in der Frage des containments, der Absicherung technischer Prozesse durch nicht so gut technisierbare

Sicherheitsprozesse, spielen technologische Apparaturen eine gewichtige Rolle. Ich möchte aber nicht in den Fehler verfallen, die gesamte Systemtheorie mit Input/Output-Beschreibungen zu technisieren. Ich möchte sie damit nicht überfrachten und alles Nichtfunktionierende zu Reparaturbedürftigkeiten oder Ersatzfragen erklären. Die Technisierbarkeit von Systemen ist eher ein Sonderfall, und die Bedingungen dafür muß man genau studieren. Das maschinell-computermäßige Funktionieren etwa im Sinne der Bürokratie Max Webers gehört aber nicht in die Definition des Begriffs sozialer Systeme, da dies ein Grenzfall wäre.

Findige Theoretiker sind inzwischen auf die Idee gekommen, Gesellschaftstheorie und vielleicht sogar die Soziologie von den Siliziumchips oder technischen Mediensystemen her neu aufzubauen, weil sich in Zukunft durch diese kleinen »Kieselsteinchen« ganz neue Machtstrukturen ergeben werden, Individuen und Menschengruppen in besonderer Weise zu verschalten. Ausgehend von diesen neuen Konstellationen zukünftiger Machtkonzentrierung haben sie die Frage aufgeworfen, wie wohl eine Soziologie aussehen könnte, die sich auf die Analyse der rechnergestützten Programmierungsmächte einließe und diese »unmenschlichen Systeme« mit in die Sozialstruktur hineinnähme.

Das kann ich mir nicht vorstellen. Ich vermute genau das Gegenteil. Die Computerisierung führt zu einer Dezentralisierung sowohl auf professioneller als auch auf organisatorischer Ebene und gerade nicht zu einer zentralen Kontrolle. Ich gebe Ihnen ein Beispiel. Vor einigen Wochen hatte ich eine Diskussion mit einem Arzt, der im Amazonasgebiet arbeitet. Zur Zeit versucht er, Washington zu überzeugen, ein professionelles Informationssystem aufzubauen, das Anfragen beantworten und zugleich aus solchen Anfragen beispielsweise über tropische Krankheiten etwas lernen kann. Wo sich diese Datensammlung befindet, ist relativ gleichgültig, aber sie kann natürlich nicht gleichzeitig über Börsenkurse oder Befindlichkeiten in politischen Parteien berichten. Die Chance besteht eindeutig in der Dezentralisierung. Computersysteme thematisch zu zentralisieren, macht überhaupt keinen Sinn.

Der Golfkrieg* wäre allerdings ein prominentes Beispiel für Machtkonzentration. Alle Informationssysteme wurden mit dem militärischen Informationspool gleichgeschaltet. Und wenn man jetzt die These führender Medientheoretiker teilt, daß Kriege Testfälle für zukünftige zivile Implementierungen sind, so käme man zu einer anderen Einschätzung.

Im Golfkrieg ist die Kontrolle der Medien gelungen, im Vietnamkrieg nicht. Daraus haben die Militärs gelernt und sind glänzende Mediengestalter geworden. Ein General muß mit den Medien und nicht nur mit den Soldaten umgehen können. Aber das ist nur ein sehr partielles Problem. Von Gleichschaltung aller Informationssysteme kann überhaupt keine Rede sein.

Was würden Sie denn auf die Behauptung erwidern, daß die Systemtheorie geradezu auf der Verdrängung dieser mathematisch-programmierenden Macht aufgebaut ist und sie nur deswegen so evolutionsfreudig sein kann?

---

* Hier ist der zweite Golfkrieg gemeint, der 1990 mit dem Einmarsch des Irak in Kuwait begann und 1991 durch eine von den USA geführte Koalition beendet wurde.

Mir ist die Annahme zu einfach. Nehmen wir nur den Moskau-Coup*, den die ganze Welt beobachten konnte. Was in Moskau geschah, habe ich aus den British Breakfast News in Brisbane erfahren. Alle Zuschauer konnten wissen, daß alle wußten, was geschah. Diese Art der Beobachtung von Coups in Echtzeit, die keine Zeit läßt, irgend etwas zu machen, was noch nicht kommentiert ist, ist sicherlich eine neue Erfahrung. In gewisser Weise handelt es sich um Zentralisierung, um die Zentralisierung von Beobachtung, aber nicht unbedingt um die Zentralisierung von Macht. Darunter versteht man gemeinhin etwas anderes, nämlich die Möglichkeit, mit Sanktionen zu drohen. Im übrigen wies doch die amerikanische Informationspolitik viele Lücken und nachträglich korrigierte Fehler auf. Die Zahlen der Opfer der Gegenseite konnten von 100 000 auf 3000 heruntergefahren werden und die Behauptung, mit ihren Bomben Damen- und Herrentoiletten unterscheiden zu können, hat jedenfalls nicht gestimmt. Bei allen militärischen Coups ist die Kontrolle der Fernsehstationen aber die entscheidende Sache. Wertsetzungen sind Verlegenheitsgesten.

Soziologische Aufklärung setzt die Erfahrung voraus, den Anspruch der historischen Aufklärung, alle sozialen Systeme durch Umsetzung von Theorien und Programmen regiemäßig zu gestalten, für gescheitert zu betrachten. Auf diese »Abklärung der Aufklärung« sähen Sie die Sozial-

---

* Gemeint ist hier der Putschversuch orthodoxer Kommunisten am 19.8.1991, womit die damalige Sowjetunion endgültig auseinanderfiel und die Ära Gorbatschow endete. Nach drei Tagen brach der Aufstand zusammen und Boris Jelzin war der Präsident des neuen Staates Rußland, der Teil der neugegründeten GUS wurde.

wissenschaft in der Gegenwart gerne verpflichtet. Ist diese Abklärung noch unser Problem? Zeigt nicht gerade die unendliche Recycelbarkeit aller alt- und voreuropäischen Denkstile, daß eine solche Abklärung gar nicht möglich ist? Ist Abklärung oder Abwicklung demzufolge nicht noch zu linear, zu final gedacht und daher selbst noch Produkt der von Ihnen kritisierten und für vergangen geglaubten Zeit- und Denkstrukturen?

Vielleicht. Die Vernunftaufklärung wird in der Systemtheorie durch eine Untersuchung von Kommunikationssystemen ersetzt. Ich ziehe einfach eine andere Thematisierung von Aufklärung in Betracht, die nicht bewußtseins- und subjektzentriert auf Vernunft bezogen und auch nicht auf die Vorstellung bezogen ist, Fragen hätten eine richtige Antwort. In dem Konzept liegt eine Öffnung auf vielseitige Beschreibbarkeit und auf Unsicherheit in bezug auf die passende Lösung. Natürlich verführt jede historische Formel zur Linearisierung. Avantgarden, selbst noch Adorno in seiner Musiktheorie – Schönberg ist modern, Strawinsky nicht –, haben die Tendenz, sich selbst an die Stelle des Alten zu setzen. Aber wenn man gar nicht mehr dialektisch denkt, weder positiv noch negativ, sondern evolutionär; wenn man nur noch die langfristige Tendenz hat, daß immer unwahrscheinlichere Dinge inklusive mehr Komplexität trotzdem normalisiert werden können; und wenn das die Botschaft ist, dann ist ein Teil des Arguments nicht mehr so stichhaltig. Jede Evolutionstheorie baut eine Geschichtsphilosophie mit einer Richtungstendenz auf. Aber die Richtung kann heute nicht mehr als Verbesserung beschrieben werden, sondern allenfalls als Normalisierung des Unwahrscheinlichen. Durch eine triviale Formel wie »Wiederkehr des Gleichen« läßt es sich auch nicht ersetzen. Sie gibt keine Prognose und liefert keine Festlegung dessen, was kommt.

Ein m. E. anderes wichtiges Problem, mit dem sich die moderne Sozialwissenschaft in allernächster Zeit herumschlagen wird, wird wohl sein, wie sie in Zukunft mit Pluralität, Kontingenz und Indeterminiertheit umgehen wird. Während es ihr früher um die Produktion eines sozialdisziplinarischen Wissens gegangen ist, geht es der modernen Soziologie heute um Kontingenz- bzw. Risikomanagement. Können wir unsere Steuerungs- oder »order from noise«-Probleme allein auf die ihrerseits sehr risikoreiche Frage, überhaupt etwas riskieren zu sollen, gründen? Müßten wir nicht stärker im Sinne »reflexiver Modernisierung« auf Selbstkontrolle und »intelligente Selbstbeschränkung« setzen?

Beides schließt sich nicht aus. In der heutigen Gesellschaft hängt viel mehr als jemals zuvor die Zukunft von Entscheidungen ab, und möglicherweise auch von Entscheidungen, die schon getroffen worden sind und nicht mehr revidiert werden können. Diese Erfahrung impliziert sowohl ein Risikobewußtsein in den Entscheidungen als auch eine Steigerung des Kontrollbedarfs. Will man das Risiko kontrollieren wie etwa in der Gentechnologie oder in der Medizin, dann wird die Kontrolle selbst wieder risikoreich. Die Kontrolle ständig zu kontrollieren und das Risiko, es nicht zu tun, ist auch ein Risiko. Die Risikoperspektive ist die dominierende. Sie wird in dem Maße dominanter, wie wir in einer Gegenwart leben, in der entschieden werden muß, welche Zukunft eintreten wird. Zwischen Risiko und Sicherheit kann man nicht wählen. Es lassen sich höchstens Risikokalkulationen anstellen. Einerseits scheint es beispielsweise im Verkehr ein sicherer Weg der Problemlösung zu sein, an unübersichtlichen Stellen nicht zu überholen; andererseits geht man aber das Risiko ein, nicht zu überholen, obwohl man vielleicht, da niemand kommt, sehr gut überholen könnte. In jedem Fall riskiert man den Verlust einer Gelegenheit.

Als Protagonist einer »intelligenten Selbstbeschränkung« gilt immer noch Odysseus, der durch Anbinden an den Mast Opfer bringt, also Verzicht leistet, aber trotzdem genießt.

Man muß darüber ein Verlustkonto führen. Auch der Beobachter, der nicht handeln kann, reduziert sich durch Fesselung an einen Mast. Andere wiederum beobachten den Beobachter und genießen das. Ich weiß nicht, ob das ein sehr typisches Modell ist. Risikobeschränkungen auf Zeit zu machen wie in der Gesetzgebung jetzt üblich, ist sicherlich richtig. Die Gentechnologie, aber auch die Kernkrafttechnik sind Paradefälle. Sollte es gelingen, den Hamm-Uentrop-Reaktor für große Mengen an Stromerzeugung tauglich zu machen, so hätten wir eine neue Generation von Kernkraftwerken und die alte Diskussion begänne wieder von neuem.

Auf die Verflüssigung des Sozialen, d.h. seine Fragmentierung und Atomisierung, reagieren zunehmend mehr Zeitgenossen beunruhigt, nervös oder gar gereizt. Um Zuständen der Unordnung und der Anomie zu begegnen, gibt es inzwischen einen großen Markt mit den unter-

schiedlichsten Lösungsangeboten. Sie reichen von Formeln wie »sozialer Anerkennung« und / oder »posttraditionaler Solidarität« über Vorschläge zur Konsensbildung durch Sozialpaktideologien bis hin zur Sakralisierung gesellschaftlicher Beziehungen. In der Theorie sozialer Systeme wird die Lösung des Problems des Sozialen dem Kommunikationsbegriff als Einheit von Information, Mitteilung und Verstehen aufgebürdet. Kann der Kommunikationsbegriff das leisten? Ist ein rein technisch verstandener Kommunikationsbegriff stark genug, um das Problem des Sozialen wirksam zu lösen? Kann er soviel Bindungskraft entwickeln, um die verschiedenen Fraktionen, die jetzt neue soziale Verbindlichkeiten einklagen, nach gemeinschaftlichen Orientierungen verlangen oder einfach neue Grenzziehungen einzuführen versuchen, auf Distanz zu halten?

Nein. Er kann nur das Problem anders formulieren. Durch Kommunikation reproduziert sich nur das Problem. Zum Kommunikationsbegriff gehört noch das Verstehen, aber nicht mehr die Reaktion. Ablehnen oder Annehmen ist in der Kommunikation offengelassen. Dafür gibt es die Medien ›Macht‹, ›Geld‹ usw. Die interessante Frage ist jetzt, ob sich die Möglichkeiten, über Macht, Geld, Liebe oder beweisbare Wahrheit unwahrscheinliche Annahme- und Folgebereitschaft zu erzeugen, erschöpft haben, oder ob dagegen der Rekurs auf Ethik, Bürgergesellschaft oder Solidarität hilft. Für mich sind solche Wertsetzungen Symptome der Überreizung klassischer funktionsspezifischer Mittel der Medien, und ich sehe noch nicht, wie man darum herumkommt. Gerade in der Ökonomie gäbe es Möglichkeiten, die Ökonomie selbst zu reformieren.

Denken Sie nur an Inflationsprogramme oder Eingriffe der Zentralbank. Ich weiß nicht, ob es jenseits dieser jeweils besonderen Typik des Verstehens mehr zu sagen gibt. Wenn niemand etwas versteht, kann auch niemand reagieren; wenn jemand etwas versteht, kann er zumindest ja oder nein sagen und Verantwortung übernehmen. Ich sage zu einem bestimmten Politikprogramm nein, aber ich biete ein besseres Konzept an. Oder ich leihe mir Geld, muß die Kreditnahme bezahlen und schaffe dadurch wieder Grenzen. Oder ich wechsle den Liebhaber und bleibe mit ihm oder ihr eine Zeitlang zusammen. Auf diese Weise gibt es eine Verflüssigung klassischer Techniken. Dazu braucht man keine Supernorm. Diese Welle von Ethik, Kultur, Solidarität oder auch citizenship bietet nur Verlegenheitsgesten, die etwas herbeiwünschen, was keine Aussicht auf Realisierung hat. Für eine universalistische Form ökologischer Politik.

Dieses gereizte Klima läßt sich insbesondere auch an der exponentiell angeschwollenen Kritik an den Parteien und dem politischen System ablesen. Ihr inhaltlich leerer, von allen normativen Zwängen befreiter Politikbegriff sieht sich zunehmend von einer »Renaissance des Politischen« umstellt, die sich in seiner »Erfindung«, in der Re-Politisierung des Staats oder auch in verschiedenen Kommunitarismen und / oder Verfassungspatriotismen artikuliert. So sympathisch die Distanznahme zu politisch-normativen Implikationen der politischen Theorie auch klingt – aber kann ein rein funktionaler Politikbegriff eine hinreichend politische Antwort auf die anscheinend nie endende Sehnsucht nach metaphysisch-ethischen Programmen geben?

Ich würde das Problem redefinieren, aber dazu müßte ich wissen, was die Leute eigentlich meinen. Bis jetzt erkenne ich nur Appelle und Schuldzuweisungen. Diese Kommunikation stellt nie in Rechnung, welche Beschränkungen auf der anderen Seite existieren. Die größte Gefahr in der Politik geht von denen aus, die es gut meinen. In diesem Sinne ist es ein sehr konservativer Topos ...

... aber ein sehr aufklärerischer ...

Das war natürlich gegen die Französische Revolution gerichtet. Burke und viele andere hatten vor den Prinzipien und den guten Absichten mehr Angst als vor der Guillotine. Deswegen sollte man diese Welle des Bekennens zu guten Absichten und zu Normen und Werten politisch nicht für völlig unbedenklich halten. Das Problem besteht eher in der politischen Programmatik. Bieten die Parteien noch die richtigen Optionen an, oder müßte ihnen nicht mehr einfallen zu Industrie und Arbeit auf der einen Seite und ökologischen Programmen und Erziehung auf der anderen Seite? Ist die Rechts-links-Konfiguration in der Parteienstruktur überhaupt noch adäquat? In Italien zeigen sich Tendenzen zur Lösung des Problems durch Regionalisierung, aber dieser Lösungsansatz kann für die Erfordernisse der heutigen Gesellschaft keine angemessene Form mehr sein. Innerhalb der bekannten Parteienstrukturen müßten die Probleme stärker angegegangen werden. Gewiß ist das auch noch kein (Aus-)Weg, Unzulänglichkeiten zu beseitigen und es besser zu machen. Aber wenn die Grünen eine Politik für den Erhalt von Arbeitsplätzen, für internationale Beziehungen anbieten würden und nicht nur auf dem Walfang- oder dem Menschenrechtssektor;

oder wenn die klassischen Parteien ihre Programme nicht nur in Form von Wertelisten gestalten würden, wären wir vielleicht schon ein Stück weiter. Aber zumeist werden nur die Werte genannt und damit hat es sich. Manchmal genügt es doch schon, das Problem richtig zu fassen. Mit Sicherheit geht es aber nicht über eine Politik der Ethik, der guten Absichten und des Appells, vernünftig zu handeln und stets das Richtige oder das Gute zu tun.

Wie ginge es denn Ihrer Ansicht nach besser? Soweit ich informiert bin, finden Sie die Politik, die in Bonn gemacht wird, lächerlich.

Nein, nicht lächerlich, aber bei uns müßte tatsächlich eine universalistische Form von ökologischer Politik angeboten werden, die die Beschränkungen, die in der Wirtschaft anfallen, ernst nähme. Eine ökologische Wirtschaft gibt es zumindest intellektuell schon. Auf der Ebene der politischen Programme neigen die verantwortlichen Parteiprofis immer noch zu nichtssagenden Floskeln. Sie bauen einige ökologische Gesichtspunkte in die normalen Parteiprogramme ein oder machen Universalprogramme für jedermann. Dadurch unterscheiden sie sich nicht mehr voneinander, was für die CDU und die SPD bereits ein Problem ist. Eine solche Tendenzwende setzt aber eine Entflechtung von Parteiapparat und Staatsorganisation voraus.

Eine ökologisch orientierte Politik würde mithin nicht mehr die Verhältnisse verschlimmern, wie Sie allen aktuellen demokratischen Kämpfen um mehr Vernunft, Emanzipation oder Freiheit unterstellen? Wäre diese Politik Ihre Illusion oder Utopie, durch die das Problem einer in Zukunft erst noch zu schaffenden Demokratie erfolgreich gemeistert werden könnte?

Ein autonomes System muß seine eigene Negation in sich selbst einbeziehen. Politik muß deshalb eine Utopie haben. Auf der anderen Seite muß man natürlich kurzfristige Programme aufstellen oder Probleme definieren können. Einen Arbeitsmarkt zu erzeugen, bei dem es mit den Löhnen rauf- oder wieder runtergehen kann, damit die Anpassung an die Fluktuation in der Konjunktur nicht über den Verlust von Arbeitsplätzen bezahlt werden muß, wäre so ein politisches Ziel. Zur Zeit ist es jedoch völlig außerhalb der politischen Diskussion, daß sich die Ökonomie durch sinkende Löhne oder heraufgesetzte Arbeitszeiten selber an veränderte Marktchancen anpassen könnte. Lieber nimmt man den Verlust von Arbeitsplätzen oder das Abwandern derselben nach Südostasien oder in die Gebiete des ehemaligen Ostblocks in Kauf. Mit funktional-äquivalenten Problemformeln ließen sich aber mehr Möglichkeiten ausfindig machen. Nur lehrt die Erfahrung, daß man dabei immer auf politische Blockierung stößt. Im Nicht-verkaufen-Können und im Nicht-anbieten-Können von Lösungen liegen die Gründe, weshalb die grassierende Unzufriedenheit ins kurzsichtige nationale Fahrwasser abgeleitet wird und das Republikanisch-Nationale als Ausweg bleibt. Die Vision ist aber: Löhne müßten sinken können. So wie wir einen Produkt-, einen Rohstoff- und einen Geldmarkt haben, brauchen wir auch einen Arbeitsmarkt. Einen solchen Arbeitsmarkt politisch durchzusetzen, bei dem die Löhne steigen und sinken könnten, würde enorm viel ändern. In Japan ist es der Fall, und die Lufthansa und die Volkswagen AG haben jetzt erst den Anfang gemacht. Solange man die Kosten nur firmenspezifisch betrachtet, ist es ein spezielles Problem. Rechnet man es aber auf ein politisches Problem hoch, so entsteht schon eine Vision. Wie wäre es denn, wenn wir das ansatzweise könnten? Noch mehr Unsicherheit(en) und Paradoxien entfalten.

Die Zeitachsen und Zeithorizonte der modernen Gesellschaft haben sich entscheidend verändert. Zukunft ist kein Zeichen der Freiheit mehr, sondern ist, wie Sie sagen, zu einem »Medium der Unwahrscheinlichkeit« mutiert. Sicher ist eigentlich nur, daß sie nicht mehr so sein wird wie die Vergangenheit. Wenn das Schicksal nur noch in den Händen zukünftiger gesellschaftlicher Evolution liegt, eine »Sabotage am Schicksal« also nicht mehr möglich ist und wir die tragischen Helden sind, die zum ersten Mal davon Kenntnis haben, breitet sich dann nicht eine Wüste von Banalität und Ratlosigkeit aus?

Ratlosigkeit vielleicht, Banalität sicher nicht. Die Zukunft nicht zu kennen, führt, in ein Erziehungsprogramm umgedacht, zu einem Abbau von Ideologien, zu einer Art von debunking, einer Zerstörung behaupteter Sicherheiten. Beispielsweise könnte man jede Behauptung, die vorgibt zu wissen, was das Ozonloch erzeugt, als Irrtum nachweisen. In einer normalen Verhandlungs- oder Konferenzsituation müßte jeder Teilnehmer mit eingestandener Unsicherheit anfangen und sich fragen, was er denn machen würde, wenn er nicht wüßte, was das Ozonloch verursacht. Auf dieser therapeutischen Grundlage des Nicht-Wissens um den Ort und die Ursache des Problems könnte man längerfristig beobachten, Prognosen korrigieren und im Rahmen der laufenden Unsicherheitsabsorptionen durch versuchsweise Maßnahmen kooperieren. Es könnte sich ein Stil herausbilden, bei dem sich Sozialität auf der Grundlage gemeinsamer Unsicherheit einpendelt.

Also noch eine Utopie, nämlich die optimistische Annahme, Menschen würden sich jenseits aller Ritualisierungen auf Unsicherheit und Kontingenz einlassen?

Richtig! Ich wage aber nicht eine Prognose, nur eine Verschiebung der Problemdefinition in eine bestimmte Richtung, um zu sehen, was passieren würde, wenn wir es so machen würden. Unser intellektuelles Klima ist im Moment mobil und selbstkritisch genug, um neue Impulse aufzunehmen. Schließlich ist die Systemtheorie nicht ohne Erfolg. Es kommt jetzt darauf an, Angebote zu machen, die konkret auf Fragen zielen, die wir eben besprochen haben. Also z. B. Risikodialoge mit Industrie, Versicherern und ambitionierten sozialen Bewegungen zu führen; zu testen, ob es möglich ist, sich gemeinsam an Unsicherheiten zu orientieren, ohne daß jemand seine Überzeugung in einer Verständigung aufgeben muß.

Ihr Bild vom Intellektuellen und seinen Aufgaben ist sehr negativ. Vor allem gegen das moderne Motiv, andere über das Wahre und Richtige zu belehren, haben Sie polemisiert und diesen Gestus als anmaßend und überholt zurückgewiesen. Statt dessen haben Sie ihn kürzlich auf die Entfaltung von Paradoxien und die Erarbeitung von Formen der Intelligenz festgelegt. Könnten Sie zum Schluß kurz darlegen, was Sie darunter verstehen und ob Sie darin die zukünftige Rolle des Intellektuellen sehen?

Meine Polemik richtet sich gegen die Identifikation des Intellektuellen mit Ideen. Er unterliegt dann immer dem Problem, die Fahnen wechseln zu müssen, wenn diese Ideen aus der Mode kommen wie jetzt die 68er. Als Identität haben sie jetzt nur noch den Protest, den sie über mehr als 20 Jahre konserviert haben. Wenn man die logische, mathematische und philosophische Entwicklung auf Paradoxie oder paradoxe Formen der Begründung hin anstelle eines Prinzips oder einer Einheitsbeschreibung akzeptiert, gibt es nur noch kreative und keine logischen Lösungen mehr. Aus Paradoxien kommt man durch richtiges Argumentieren nicht heraus. Man muß sich demnach fragen: Gibt es eine Konstruktion, die uns momentan erträglicher erscheint? Der Staat etwa ist ein Paradox, insofern jede Kommunikation, die er macht, das Recht, so zu kommunizieren, zerstört. Mit Paul de Man könnte man formulieren: Die performative Seite der Textproduktion widerspricht der konstativen. Was wäre dann eine plausible Staatsform, wenn es sowohl der Wohlfahrtsstaat als auch der Verfassungsstaat nicht mehr bringen? Reizvoller und logisch ungesicherter ist es zu sagen, das Problem scheint sich jetzt auf Weltgesellschaft und auf Risiko zu verlagern. Der Staat muß jedoch eine gute Adresse bleiben. Er muß die Betroffenen von der zeitweisen Annahme von Risiko überzeugen, er muß politische Konflikte ethnischer oder religiöser Art zivilisieren und nicht mehr als Wohlfahrtsstaat bloß distributive Funktionen erfüllen. Ein solches Umdenken erfordert Phantasie, Unbefangenheit und Neugier, also gewisse Eigenschaften, die gemeinhin dem Intellektuellen zugeschrieben werden. Das ständige Rückführen auf Paradoxien und Auflösung von Paradoxien wäre folglich eine zukünftige Aufgabe, die den Intellektuellen nicht auf eine fachspezifische oder rein ökonomische und politische Rolle und auch nicht auf Ideen festlegen würde.

»Wahrheit ist nicht zentral«

Niklas Luhmann im Interview mit
Dirk Knipphals und Christian Schlüter

*Dirk Knipphals / Christian Schlüter: Herr Luhmann, wie
es bei Ihnen zu Hause aussieht, konnten wir den Medien
nicht entnehmen. Um das zu erfahren, mußten wir Sie
schon selbst besuchen.*

Niklas Luhmann: Mag sein, ja.

*Nun behaupten Sie aber in Ihrem neuen Buch »Die Rea-
lität der Massenmedien«, daß wir alles, was wir über die
Gesellschaft und die Welt, in der wir leben, wissen, aus
den Medien wissen. Überschätzen Sie damit die Medien
nicht?*

Vielleicht ein bißchen. Es gibt natürlich einen persönlichen Lebenskreis, über den man Bescheid weiß, ohne
etwas in der Zeitung gelesen zu haben. Aber wenn man
sich im öffentlichen Raum orientiert, kann man ohne
Medienwissen gar keine Verständigung erreichen. Manche beklagen das als Verlust von Unmittelbarkeit. Aber
oft weiß man gar nicht, wie stark etwas, das wir wissen,
durch die Medien vermittelt ist, wenn man es nicht mit
direkt bekannten Objekten oder Personen zu tun hat. Wir
sind kaum in der Lage, das medienvermittelte Wissen von
dem selbsterfahrenen wirklich zu trennen.

Die Medien haben sich also schon immer in unser Wissen eingeschlichen?

Ja. Um herauszufinden, wie wir die Dinge ohne Medien sehen würden, könnte man höchstens Kinder untersuchen, die noch nicht lesen können und keinen Fernseher zu Hause haben. Aber auch das wäre natürlich problematisch.

Nun gibt es Schriftsteller wie Peter Handke, die den Medien vorwerfen, sie würden die Tatsachen verfälschen. Handke etwa ist selbst nach Serbien und Bosnien gefahren, um sich mit eigenen Augen die Folgen des dortigen Krieges anzuschauen. Wie immer man nun das wertet, was Handke herausgefunden hat – wäre solch eine Suche nach eigenen, authentischen Wahrnehmungen nicht eine Möglichkeit, aus dem medienvermittelten Wissen auszubrechen?

Das Problem ist nur: Gibt es diese authentischen Wahrnehmungen? Ich glaube es nicht. Heute kann man nicht eine Privatsphäre des genuinen, authentischen Wissens aus eigener Erfahrung isolieren gegen Einflüsse aus den Medien. Selbst daß Serbien und Bosnien überhaupt existieren, weiß Handke doch nur aus der Zeitung.

Er ist im österreichischen Graz in der Nähe zum ehemaligen Jugoslawien aufgewachsen.

Aber die Tatsache, daß es da Probleme gibt, hat er irgendwo gelesen oder im Radio gehört. Denken wir nur an die Zeit zurück, als die Berliner Mauer gestürmt wurde. Um zu wissen, was für eine Bedeutung dieses Ereignis hatte, brauchten wir die Medien. Würden wir ohne jedes Hintergrundwissen hören, daß da einige Menschen über eine Mauer geklettert sind, würden wir an eine Turnübung denken oder an ein Sportfest. Daß sich da aber tatsächlich ein weltbewegendes Ereignis abspielte, das wußte man nur aus den Medien. Wir kommen ohne sie einfach nicht aus.

Es sind also für Sie die Medien, die unser Alltagswissen produzieren. Bürden Sie damit den Journalisten nicht viel auf? Und sprechen Sie den Medien nicht sehr viel Macht zu?

Den Ausdruck Macht würde ich in diesem Zusammenhang nicht verwenden. Bei Macht denke ich immer an Drohmacht in dem Sinne: Wenn du dies nicht tust, dann mußt du mit den und den Konsequenzen rechnen. Zeitungen und Fernsehsender dagegen beschäftigen sich mit der Herstellung von Fakten. In ihnen geht es um Fragen wie: Was kommt in unserer Zeitung auf die erste Seite? Was wollen wir senden und was nicht? Die Medien operieren mit der Unterscheidung, ob etwas informativ oder eben nicht informativ ist. Der Machtbegriff ginge mir zu sehr in die Breite, wenn man ihn hierauf anwenden würde. Aber natürlich ist es eine Art von Aufwertung, wenn man, wie ich das in meinem Buch tue, die Medien nicht nur als Gruppe von Wirtschaftsunternehmen sieht, sondern als ein eigenes gesellschaftliches Funktionssystem. Wir würden die Gesellschaft, die wir heute haben, nicht haben und ständig reproduzieren, wenn es keine Massenmedien gäbe.

Wenn wir, wie Sie sagen, alles Wissen aus den Medien haben, müßte man dann den Medien nicht sogar die Königsposition innerhalb der Gesellschaft einräumen?

Nein. Es mag zwar sein, daß sich jedes gesellschaftliche Funktionssystem selbst eine Vorrangstellung einräumt.

Im 18. Jahrhundert wurden die Pädagogen überschätzt. Heute meinen etwa die Politiker, daß alles von der Politik abhängt. Und natürlich glauben die Journalisten von sich etwas Ähnliches. Aber die Produktion von Wissen ist nur einer der Faktoren, die die gesellschaftliche Kommunikation bestimmt. In der funktional ausdifferenzierten Gesellschaft gibt es keine Rangordnung.

In der Politik ist zur Zeit viel von einer Krise die Rede. Manche Kommentatoren behaupten gar, wir befänden uns in einer Phase der Entpolitisierung. Ließe sich mit dieser Situation nicht die große Aufmerksamkeit erklären, die die Massenmedien im Moment genießen?

Mein Eindruck ist eher, daß wir uns bei der Beschreibung unserer Gesellschaft auf soziale Differenzierung einstellen. Ich bezweifle, daß die Politik tatsächlich in einer Krise steckt. Denn Krisen würden ja auch irgendwann beendet sein. Übrigens ist das bei der Rede von einer Kirchenkrise oder einer Krise der Familie ganz dasselbe. Alle diese Bereiche mögen neuen Bedingungen unterliegen, aber ich glaube nicht, daß das Krisen sind. Vielmehr haben wir es mit typischen Effekten einer sozialen Differenzierung zu tun. Insofern ist die speziell im deutschen Staatsbegriff betonte Hoheit von Politik problematisch. Es funktioniert einfach nicht so. Und die Massenmedien sind eine Instanz, die das spiegeln. Aber da gibt es auch noch die internationale Wirtschaft und das Recht. Die heutige Politik ist ja zwischen Richtern und öffentlicher Meinung eingeklemmt. Ihr Spielraum besteht aus dem, was das Verfassungsgericht zuläßt und was die Öffentlichkeit als Resonanz gibt.

Zurück zu den Medien. Für Sie besteht ihre Funktion darin, Informationen zu produzieren, an die sich dann weitere Kommunikationen etwa im Alltag anschließen können. Nun gibt es ja die weitverbreitete Ansicht, die Medien würden die Fakten nicht etwa produzieren, sondern verfälschen.

Natürlich gibt es diese Manipulationsthese. Alles Wissen, das wir aus den Medien haben, wird man in Zweifel ziehen können. Dennoch muß man darauf bauen. Einerseits wissen wir alles, was wir wissen, aus den Medien. Andererseits wissen wir aber auch, wie dieses Wissen gemacht wird. Wir wissen, wie Nachrichten ausgewählt werden, wie raffiniert Werbeleute das Wichtige in den Hintergrund rücken und mit welchen Gedächtnistheorien sie arbeiten. Und wir wissen, wie Unterhaltung gebaut wird. Das alles weiß man, und doch fällt es plötzlich weg, wenn es darum geht, was man meint, was man glaubt, was man für gegeben hält. Man muß das, was aus den Medien zu erfahren ist, für bare Münze nehmen. Es ist diese Diskrepanz zwischen den bekannten Selektionsmechanismen der Medien einerseits und ihrer Anwesenheit in unserem privaten Selbstverständnis andererseits, gegen die wir uns mit dem Manipulationsverdacht wehren.

Das hört sich so an, als würden Sie das achselzuckend akzeptieren. Fast könnte man denken, für Sie sei auch Desinformation eine Art von Information.

Richtig ist, daß der Informationsbegriff keine objektive Kontrolle hat. Wenn jemand etwas als Information aufnimmt, dann ist es Information für ihn, ob es nun stimmt oder nicht stimmt. Man hat ja auch meistens gar keine Zeit, das nachzuprüfen. In der Kommunikation wirkt Information als Resultat einer Kommunikation. Ob das wahr ist, ist eine andere Frage. Wenn man von dem Primat der Unterscheidung zwischen Information und Nichtinformation ausgeht, dann tritt die Wahrheitsfrage erst an zweiter Stelle auf. Natürlich ruiniert man die Bereitschaft, eine Information zu akzeptieren, wenn man ständig etwas Falsches berichtet, wie das etwa bei den Hitler-Tagebüchern geschehen ist.

Aber ob ein Artikel tatsächlich stimmt, ist für Sie nicht das Entscheidende?

Ich glaube nicht, daß Wahrheit das zentrale Moment der Medien sein kann. Die Meldungen müssen ja auch zu einem bestimmten Zeitpunkt fertig sein. Jeden Morgen muß eine Zeitung vorliegen, jede Sendeminute im Fernsehen muß gefüllt sein. Ich denke, daß eine Kommunikation, die auf Wahrheit spezialisiert ist, nicht unter Zeitdruck stehen darf. Man weiß ja nicht, wie lange man prüfen muß. Schon im 17. Jahrhundert gab es übrigens ein Theaterstück über einen Menschen, der eine Zeitung gründete, die jede Woche erscheinen sollte. Im Fortgang der Handlung wurde dann gefolgert, daß da nur Lügen drinstehen können, denn, so dachte man damals, es passiert ja nicht jede Woche etwas.

Zur Zeit läuft der Prozeß gegen Michael Born*, einen Filmemacher, der gefälschte Beiträge in Fernsehsendungen einschmuggelte. Zeigt dieser Fall nicht, daß Wahrheit

---

* Nachdem zahlreiche seiner scheinbaren Dokumentarfilme, die er für Stern TV, Spiegel TV Magazin und andere geliefert hatte, als Fälschungen entlarvt wurden, verurteilte das Landgericht Koblenz Michael Born im Dezember 1996 zu 4 Jahren Haft.

zumindest als Leitvorstellung in den Medien gültig sein sollte? Oder machen sich die Journalisten vielleicht selbst etwas vor?

Man kann natürlich immer unterscheiden zwischen der Selbstbeschreibung eines Systems wie den Medien und dem, was tatsächlich in ihm abläuft, in Differenz zu dem, was woanders abläuft. Selbstverständlich denke ich, daß die Selbstbeschreibung der Presse und des Fernsehens auf irgendwelche Arten von Qualitäten wertlegt. Und natürlich findet dort auf der Zweitebene eine Kontrolle statt. Etwa im Hinblick darauf, ob der Artikel oder der Fernsehbeitrag gut recherchiert ist. Aber ich bezweifle, ob man als Leser oder Zuschauer alles, was man tagtäglich aus den Medien erfährt, prüfen kann. Letztlich spielt es für mich, wenn ich einen Artikel lese, gar keine Rolle, ob das wahr oder nicht wahr ist oder ob das jemand geprüft hat. Es ist eine Information, und man nimmt an, daß die Information zuverlässig ist.

Wie läßt sich denn in Ihre Medientheorie ein Konzept von Öffentlichkeit integrieren? Traditionellerweise wird Öffentlichkeit ja immer auch als kritische Kontrollinstanz mit hohen Wirkungspotentialen gesehen. Umweltorganisationen wie Greenpeace mobilisieren sie, um etwa die Versenkung von Ölplattformen zu verhindern. Und sie haben Erfolg damit.

Kritisch Stellung zu nehmen, ist natürlich immer eine der vielen Möglichkeiten, mit denen man auf Berichte reagieren kann. Und man kann auch aus einer Meldung eine kritische Aktivität konstruieren. Aber das ist nicht die Essenz der Sache. Was in den Medien und der öffentlichen

Meinung reproduziert wird, ist eher ein Verständnis für Themen oder, wie ich sage, frames. In dem Sinne, daß man überhaupt weiß, daß es Umweltverschmutzung gibt. Ob die konkrete Meldung nun zutrifft oder nicht, jedenfalls hat sie einen Kontext, in dem sie weiterbehandelt werden kann. Sei es, daß die einen nun die Versenkung der Plattformen verteidigen, weil das nur ein Prozent der natürlichen Umweltverschmutzung ausmacht, für die das Meer selbst sorgt. Sei es, daß die anderen sich dafür einsetzen, das zu verhindern. Was Medien leisten ist, Verständnis für Themen herzustellen. Und das ist denn auch der Ort, an dem ich die Öffentlichkeit sehe. Sie besteht für mich nicht aus Meinungen, die festliegen und allgemein sind.

Irritiert Sie es nicht, wenn in der Presse zwei so konträre Meinungen gegeneinanderstehen?

Hier muß man, glaube ich, unterscheiden, denn der Begriff der Irritation ist in meiner Sicht recht kompliziert. Natürlich ist es erst einmal ein psychisches Phänomen. Ich lese in der Zeitung etwas über die Brent-Spar-Geschichte, oder daß die Aktienkurse sinken. Dann gibt es natürlich, wenn man sich selbst beobachtet, immer eine Art von persönlicher Betroffenheit. Aber die soziale Struktur der Informationsproduktion setzt nur voraus, daß es generell eine Form von Reaktions- oder Irritationsbereitschaft gibt. Das Nicht-akzeptieren-Wollen von etwas, das man liest, ist da nur eine von mehreren Möglichkeiten. Aber selbst das wiederum ist nur möglich, wenn man weiß, wogegen man ist. Das Verstehen läßt dann immer die Optionen Annahme oder Ablehnung offen. Man muß schließlich nicht protestieren.

Sie glauben also nicht daran, daß es Aufgabe der Medien sein sollte, komplexe Themen in den Alltag der Menschen so zu übersetzen, daß da Eindeutigkeit herrscht?

Wenn man will, kann man sagen, daß in Medien etwas aufbereitet wird, sei es für Individuen, sei es auch für die Politiker, die sich in ihrem Tun auf Themen und Unterscheidungen stützen können, die verständlich sind, weil sie in den Medien schon behandelt wurden. Allerdings habe ich bei solchen Fragen, wie Sie sie gerade stellen, immer das Problem, wen Sie mit »den Menschen« meinen. Deutschland hat achtzig Millionen Einwohner. Wenn es Aufgabe der Medien wäre, die Themen für sie zu übersetzen, an wen sollen sie sich denn da konkret halten? Niemand weiß, wer »der Mensch« sein soll. Wenn in solchen Zusammenhängen von Menschen die Rede ist, möchte ich sozusagen immer deren Adresse haben. Der Begriff der Übersetzung impliziert ein Elitenkonzept. Die Intellektuellen wollen die Welt verstehen, und die Medien sollen ihnen Stoff liefern, darüber nachzudenken. Aber in den Medien passiert jeden Tag und bei ständig wechselnden Themen so viel, da ist doch erstaunlich, daß dies kaum davon abhängt, wer hinterher etwas damit anfängt. Abgesehen davon, daß die Medien hochselektiv vorgehen. Die Annahme, die Medien hätten eine Übersetzungsfunktion für die Öffentlichkeit, ist theoretisch nur sehr, sehr schwer umzusetzen.

Ist das, was Sie als Funktion der Medien annehmen, nicht ein bißchen dünn? Vor allem dann, wenn man sich klarmacht, welche konkreten Auswirkungen manche Presseberichte haben können. Die Brent Spar etwa wäre versenkt worden, hätte es die Presse nicht gegeben.

Natürlich ziehen die Medienberichte oft unmittelbare Effekte nach sich. Dazu braucht man sich ja nur die Konsequenzen von Nachrichten für die Börse anzusehen. Die Affäre der Deutschen Bank in London etwa hätte es ohne Publikationen in den Tageszeitungen nicht gegeben. Es wäre ja auch absurd, sich ein gesellschaftliches Funktionssystem wie die Medien ohne Effekte vorzustellen. Aber die Frage, was überhaupt welcher Ursache kausal zugeordnet werden kann, ist ja häufig schwierig. Außerdem glaube ich nicht, daß es sinnvoll ist, die Medien mit irgendeiner Art von Verantwortung für die von ihnen hervorgerufenen Effekte auszustatten.

Eine letzte Frage. In Ihrem Buch behandeln Sie nicht nur Nachrichten und Berichte als die Presseinstanzen, aus denen wir unser Wissen ziehen, sondern auch Werbung und Unterhaltung. Läßt sich mit Ihrer Sicht auf Unterhaltung nicht jede noch so schlechte Fernsehserie rechtfertigen?

Mein Buch ist natürlich neutral gegenüber Ansprüchen an Qualität und jede Form von Interesse. Ich weiß nicht, ob man jede Form von Fernsehunterhaltung rechtfertigen kann. Ich selbst habe übrigens gar keinen Fernseher, da finde ich sowieso kaum etwas und habe auch gar nicht die Zeit dazu. Aber man kann doch sagen, daß es diese Form der Unterhaltung gibt und daß sie von bestimmten Leuten goutiert wird. Allerdings möchte ich mein Buch keineswegs so verstanden wissen, daß ich alles, was geschieht und was in einen Funktionskontext eingearbeitet werden kann, auch billige oder irgend jemanden ermuntere, das für gut zu halten.

Gibt es Kunst außerhalb der Kunst?

Niklas Luhmann im Gespräch mit Hans-Dieter Huber

Hans-Dieter Huber: Seit einiger Zeit arbeiten Sie mit einer neuen Unterscheidung. Statt zwischen »System« und »Umwelt« unterscheiden Sie zwischen »Form« und »Medium«. Was ist das Spezifische dieses Formbegriffs?

Niklas Luhmann: Also zunächst würde ich sagen, daß er nicht an die Stelle der System-Umwelt-Theorie tritt, sondern eine Alternativformulierung ist, wobei beide Formulierungen »System – Umwelt« und »Form – Medium« sich wechselseitig begründen können. Das ist das erste. Der Formbegriff selbst ist eigentlich aus dem Formenkalkül von George Spencer Brown in »Laws of Form« bezogen, wonach alles Beobachten auf einer Unterscheidung beruht und die Form die Einheit der Unterscheidung ist. Form ist also nicht eine schöne Gestalt, ein besonderes Ding, sondern die Differenz des Dings zu seiner Umgebung. Man hat das früher mit »Gestalt – Hintergrund« oder solchen Unterscheidungen erklärt.

Gestaltpsychologischen Erklärungen.

Ja, solchen Dingen. Jetzt wird einfach nur die Differenz schärfer beleuchtet, die konstitutiv ist. Es geht also nicht um ein Objekt, sondern es ist die Differenz selbst, die Form ist.

Das scheint mir für die Analyse von Kunst sehr brauchbar zu sein. Man gewinnt dadurch einen sehr flexiblen und immer wieder neu ausschöpfbaren Formbegriff. Jetzt lautet aber Ihre entscheidende These, daß diese Formsetzung zwar etwas sichtbar macht – das ist die alte Sache von Paul Klee: Kunst macht etwas sichtbar –, aber gleichzeitig auch wieder etwas unsichtbar werden läßt. Mich interessiert jetzt dieses Unsichtbarwerden durch Form, durch Kunst. Was wird Ihrer Meinung nach durch die Form in der Kunst zugedeckt?

Wenn man im Bereich des Operierens bleibt, würde ich sagen, die Einheit der Unterscheidung. Man sieht dann nur noch das Unterschiedene. Wenn man sieht, daß ein bestimmter Strich, eine bestimmte Farbe, ein bestimmter Fleck einen Unterschied ausmacht, d. h. sich selber manifestiert und etwas anderes damit tot oder bedeutungslos macht oder hervorhebt, wenn es also immer um diese Differenz geht, dann pendelt man zwischen den beiden Seiten, man denkt entweder an diese neue Zutat, diese neue Linie, diesen neuen Fleck, diesen neuen Farbeffekt, oder an das, was man tun muß, um ihn im Bild zu halten, aber nicht an beides zugleich. Die Einheit der Form verschwindet im Gebrauch oder in der Beobachtung.

Gibt es nicht doch die Möglichkeit, beides gleichzeitig zu sehen? Ich denke an den Rubinschen Pokal, wo man einerseits den Pokal sehen kann, aber auch alternierend die beiden Profilgesichter rechts und links. Ich glaube, wenn man das ein bißchen hin- und herspringen läßt, dann sieht man irgendwann einmal beides gleichzeitig, das Gesicht und den Pokal. Dann würde man ja die Einheit der Differenz sehen können ...

Dann wäre die Einheit ein Effekt von Schnelligkeit im Wechseln der beiden Möglichkeiten ...

Der Wahrnehmungseinstellungen ...

Aber im Prinzip ist es so wie bei Paradoxien schlechthin. Man sagt, etwas ist wahr, weil es falsch ist, also ist es falsch, also ist es wahr, also ist es falsch, also ist es wahr. Das kann man dann natürlich so schnell beschleunigen, daß man die Paradoxie sozusagen selbst sieht, aber damit nichts anfangen kann. Wenn man etwas damit anfangen will, muß man auf die eine oder die andere Seite der Unterscheidung gehen, dann muß man sagen, die Paradoxie wird mit logischen Operationen, mengentheoretisch oder wie auch immer, ausgeschaltet, und jetzt ist das Wahre wahr und dabei bleibe ich. Und dann arbeite ich damit. Und genau so würde auch ein Künstler, der am Arbeiten ist, oder ein Betrachter, der am Analysieren ist, sagen müssen, ich sehe jetzt den Sinn dieser Seite des Bildes, weil die andere Seite ihn fordert. Und das kann man, glaube ich, nicht wirklich zu einem konstant bleibenden Einheitseindruck verdichten. Man hat natürlich nachher das Werk sozusagen fertiggemalt, oder man hat es durchanalysiert und hat diese Einheit in der Sequenz von Schwerpunkten oder Fokussierungen des Arbeitens oder Betrachtens. Aber man kommt aus der Sequenz nicht auf eine Einheit zurück.

Es ist eine bekannte Erfahrung, daß die Unterscheidungen und Bezeichnungen, die man während des Beobachtens macht, das Wahrnehmungsergebnis fixieren und festlegen. Die begrifflichen Fixierungen bilden jedoch eines der Haupthindernisse zu einem adäquaten Verständnis von Kunst. Wenn Sie nun sagen, man muß sich für die eine oder andere Seite der Unterscheidung entscheiden, frage ich mich, ob man nicht in dem Moment, in dem man sich für eine Sache entscheidet, die andere übersieht und verfehlt?

Auf der Ebene des unmittelbaren Beobachtens würde ich sagen, man muß in der Verwendung auf einer Seite bleiben, weil man sonst das Unterschiedene als unterschieden leugnen würde. Aber man kann natürlich die Unterscheidung als solche wieder zum Gegenstand einer weiteren Unterscheidung machen. Ich kann ja z. B. sagen, hier sind Effekte, die auf Farbkontrasten beruhen, und ich will jetzt durch »groß – klein«, durch eine andere Unterscheidung, genau diese Effekte neutralisieren oder verstärken. Man kann also die Unterscheidung wieder zur einen Seite einer anderen Unterscheidung machen. Aber dann setzt man das Instrumentarium des Beobachtens, des Unterscheidens und Bezeichnens ein zweites Mal ein, und kommt aus dieser Misere, nur die eine Seite wirklich unterscheiden zu können, heraus.

Wodurch wird dann die Welt unbeobachtbar?

Wenn ich unterscheiden will, kann ich nicht zugleich die Einheit der Unterscheidung, die Ununterschiedenheit des Unterschiedenen sehen wollen. Deswegen habe ich die Vorstellung, daß der Weltbegriff, die Unbeobachtbarkeit der Welt, ein Korrelat der operativen Paradoxie des Beobachters ist, der sich als Beobachter nicht selber beobachten kann oder der die Unterscheidung nicht als Einheit sehen kann, es sei denn mit Hilfe einer anderen Unterscheidung.

Wir reden jetzt über Kunst, d. h., wir verständigen uns jetzt schon auf einer Beobachtungsebene zweiter Ordnung über Kunst. Sie haben selbst Kunst als soziales System beschrieben. Können Sie kurz erläutern, was Sie darunter verstehen?

Unter sozialem System verstehe ich ganz allgemein ein System, dessen Operation Kommunikation ist, das also ständig Kommunikation durch Kommunikation ersetzt, also eine Kommunikation durch eine andere Kommunikation fortsetzen muß. Dabei denke ich nicht nur an sprachliche, sondern auch an Gesten und alles mögliche, aber jedenfalls an Verknüpfungsprozesse zwischen Bewußtseinssystemen. Wenn ich also Kunst als soziales System beschreibe, heißt das, daß die Operation Kommunikation ist. Das schließt natürlich nicht aus, daß man auch psychologisch analysiert. Das schließt auch nicht aus, daß man ein Kunstwerk als Form, d. h. als eine Differenz im Verhältnis zur Umgebung, in der es zu sehen ist, oder auch im Verhältnis zu anderen Kunstwerken, zu Vorgängern, zu anderen Stilentscheidungen usw. analysieren kann.

Also wenn jetzt jemand die Mona Lisa mit einem Bart malt wie Duchamp z. B. ...

Ja, das kann man machen. Oder man kann auch die Mona Lisa als solche zeitlich lokalisieren. Man kann sich fragen, wie so ein jünglingshafter Zug in eine Frau kommt. Es gibt also eine Fülle von Unterscheidungen, die man in der Analyse eines Werks machen kann. Was die Soziologie beiträgt, ist die Frage, ob nicht all das letztlich seine Realität, seine soziale Existenz einer Kommunikation verdankt. Das würde z. B. bedeuten, daß der Künstler in der Herstellung Unterscheidungen so plaziert, daß er beobachtet, was ein anderer Beobachter beobachten wird, wenn er das Kunstwerk, sieht und umgekehrt. In der neueren Ästhetik sagt man ja, ein Betrachter versteht das Kunstwerk nur, wenn er die Mittel erkennt, oder in meiner Sprache, wenn er die Beobachtungsweise erkennt, mit der ein Künstler in der Arbeit das Kunstwerk produziert hat, so daß in diesem Sinne Kunst wie auch Sprache eine Vermittlung zwischen Beobachtungen ist.

Sie verstehen also Kommunikation nicht nur als verbale Kommunikation von Menschen, die sich über Kunst unterhalten, Kunstkritiken schreiben, oder sich darüber streiten, ob das jetzt Kunst ist oder nicht, sondern sie setzen Kommunikation schon auf der Ebene der Werke selbst an.

Ja, das ist entscheidend. Denn sonst wäre es ja wirklich banal, zu sagen, daß die Kunstkritiker Artikel schreiben und daß die Leute sich nach der Theateraufführung darüber unterhalten, wie es gewesen ist. Dazu braucht man als Soziologe keine besonderen Theorien. Das Entscheidende ist tatsächlich, daß ein Künstler eigentlich andere Beobachter, fast kann man sagen, ansprechen will. Er möchte adäquates Beobachten seines Werkes erreichen und zwar durch die Besonderheit, daß man nicht irgendwie die Wahl hat, irgendwas zu sehen. Wenn man das Werk sieht, sieht man die Entscheidungen oder die Beobachtungen, die es produziert haben. Und man versteht etwas von dem, was gewollt war. Das nenne ich auch Kommunikation.

Gibt es denn die Möglichkeit, außerhalb des Kunstsystems Kunst zu machen?

Nein, würde ich sagen, gibt es nicht. Jedes System – die Wirtschaft, die Wissenschaft – beruht auf der Kontinuität seines Operierens, es beruht auf der Erkennbarkeit der Zugehörigkeit. Wenn man etwas nicht als zugehörig zur Kunst erkennt, ist es keine Kunst.

Aber es könnte doch der Fall sein, daß jemand aus dem System Kunst herausgeht, als Künstler zunächst in einem Bereich außerhalb arbeitet und eben, wie Sie sagen, als Künstler über fünf oder zehn Jahre hinweg nicht erkennbar bleibt. Und dann aber wird auf einmal erkennbar, daß es Kunst war, nur hat es damals keiner als Kunst angesehen. Ich denke jetzt an bewußte Grenzüberschreitungen von Künstlern, z. B. Duchamps »Urinoir«, das er einfach in eine Ausstellung gestellt hat, eben als fountain, als Fontäne. Das ist ja auch eine bewußte Grenzüberschreitung, die dann wiederum ins Kunstsystem zurückwirkt.

Aber es ist von vornherein nicht daraufhin konzipiert, sonst wäre es doch uninteressant.

Sie meinen, es ist nicht aufs Kunstsystem hin konzipiert?

Doch! Der Plan war, es für Kunstbeobachter beobachtbar zu machen und zwar in der Form einer Überraschung: Das kann auch Kunst sein. Sonst wäre es ja einfach irgend etwas.

Sie würden also sagen, man kann unter Umständen das Kunstsystem Kunst verlassen und außerhalb arbeiten, aber es muß mit der Intention geschehen, daß es wiederum in das Kunstsystem eingeführt wird, irgendwann einmal.

Nein, ich würde von vornherein sagen, es ist als Kunst, als Kommunikation im Kunstsystem angelegt. Die Überraschung besteht nur darin, daß dies auch Kunst ist, und zwar intendiert natürlich, als Reflexion des Kunstbegriffs. Die ganze Avantgarde hat ja eigentlich immer den Kunstbegriff reflektiert, ist an die Grenzen dessen gegangen, was noch als dazugehörig erwiesen werden kann. Das ist erst jetzt mit der Postmoderne anders geworden. Aber damals war wirklich der Versuch da, etwas quasi außerhalb zu machen, was aber trotzdem noch als Kunst erkennbar ist. Die Kunst ist sozusagen universell. Alles kann Kunst sein, wenn es so definiert wird, wenn es in den Kontext der Kommunikation Kunst eingebaut werden kann.

Kann man denn dann sagen, daß durch dieses An-die-Ränder-des-Systems-Gehen der Avantgarde oder von bestimmten Künstlern die Grenzen dieses Systems erweitert werden können, Stück für Stück?

Ja, das System etabliert sich in gewisser Weise als gegenstandsunabhängig oder als universell. Alles kann Kunst sein, so wie man alles kaufen kann in der Wirtschaft oder alles erforschen kann in der Wissenschaft. Oder jedes menschliche Handeln ist entweder recht oder unrecht. Diese Funktionssysteme tendieren in der Moderne zur Universalisierung, also zur Unabhängigkeit von vorgegebenen Weltausschnitten. Und das realisiert die Kunst für sich selber auch. Aber es ist ein allgemeines, typisches Modell von Modernität.

Es gibt ja auch das umgekehrte Phänomen. Man könnte sich vorstellen, daß durch die weitere Ausdifferenzierung dieses sozialen Systems Kunst weitere autonome Teilsyste-

me entstehen, die sich dann – irgendwann einmal – nicht mehr eingliedern lassen und herausfallen, wie z. B. das Industrial Design, das ja vor hundert Jahren noch Domäne der Künstler war. Also könnte es auch sein, daß sich das soziale System durch seine weitere Ausdifferenzierung irgendwann einmal auflöst und zerfällt?

Nein, ich würde nicht vermuten, daß es auf einen Zerfall hinausläuft, denn das Industrial Design wird ja auch z. B. von neuen Entwicklungen in der Kunst immer wieder befruchtet werden. Die Pop-Art oder was auch immer kann dann plötzlich dem Designer neue Möglichkeiten eröffnen. Ich würde eher sagen, daß es immer natürliche Leistungsfelder der Kunst gegeben hat, die für andere Systeme, also etwa für Wirtschaft oder für Politik, die Verherrlichung der Führer, die Bedeutung der Parlamente und Gebäude und was auch immer, von Bedeutung waren. Jedes System hat immer einen Leistungssektor in bezug auf andere Funktionssysteme. Und das kann vielleicht insofern abschwimmen, als daß man einfach das Design, speziell für Automobile, dem Windkanal überläßt und dann mit irgendwelchen Linien retuschiert. Das mag so selbständig sein, daß die Kunst davon nichts mehr hat. Also die Kunst schließt nicht an Design an.

Dann wäre das Windkanaldesign aber noch im Kunstsystem drin, oder ist das dann in Ihrem Verständnis schon draußen?

Es ist draußen, wenn es lediglich eine ökonomische Operation ist, wenn man also lediglich denkt, das Auto muß sich von anderen unterscheiden. Ein Honda ist kein Mitsubishi oder so, ich muß Markenähnlichkeiten haben …

Corporate Identity ...

Dann ist es völlig außerhalb. Aber wenn ich Erfahrungen der Kunst einbringe, wenn ich also einen geschulten Blick habe für optische Effekte, die man nur haben kann, weil es Kunst gibt, dann ist es insofern gleichsam rekursiv an künstlerische Operationen gekoppelt. Nur ist es künstlerisch nicht mehr verwendbar. Es ist gleichsam nach einer Seite, nach der Vergangenheit hin, kunstabhängig. Aber es hat keinen Anschlußeffekt in bezug auf die Kreation neuer Kunstwerke.

In dem Aufsatz »Das Medium der Kunst« haben Sie die These geäußert, daß die Kunst in der Moderne die Gesellschaft als ihr Medium benutzt. Sie haben dabei gleichzeitig die Gefahr gesehen, daß damit das Kunstsystem sozusagen in sich selber kollabiert und Medium wird wie alles andere auch.* In der Tat gibt es ja zur Zeit in der aktuellen Entwicklung der Gegenwartskunst tatsächlich Künstler, die die Gesellschaft als Medium benutzen, wie Jenny Holzer, Jeff Koons – oder denken Sie an das 7000-Eichen-Projekt von Joseph Beuys in Kassel. Insofern ist diese These auch empirisch richtig. Was heißt das: daß die Kunst die Gesellschaft als ihr Medium benutzt, und inwieweit könnte dabei das Kunstsystem in sich selbst kollabieren?

---

* Niklas Luhmann: »Das Medium der Kunst«, in: *Delfin* 4 (1986), S. 6–15. Nachdruck in: Frederick D. Bunsen (Hrsg.): »›ohne Titel‹: Neue Orientierungen in der Kunst«, Würzburg: Echter (1988), S. 61–71: »Wenn es zuträfe, dann wäre die Verwendung der Gesellschaft als Medium der logische Abschluß einer solchen Entwicklung. Denn da die Kunst als Kommunikation selbst Vollzug von Gesellschaft ist, könnte sie sich dann auch selbst als Medium verwenden und in einer Art von logischem Kurzschluß kollabieren.« S. 67.

Zunächst zum ersten Teil der Frage. Ich denke, daß es immer eine Aufgabe der Kunst gewesen ist, Weltbeschreibungen zu liefern oder Formen für Welt anzubieten, die nicht übereinstimmen mit dem, was sowieso da ist. Und daß von dort aus Gesellschaft als Thema sozusagen ein Ausschnitt ist. Wenn man aber sieht, daß die Gesellschaft selber Weltentwürfe macht, und daß es gar nicht vorstellbar ist, eine sinnhafte Welt zu haben, ohne auf Kommunikation in der Gesellschaft zu rekurrieren, dann wird die Gesellschaft plötzlich zum notwendigen Durchgangspunkt jeder Weltbeschreibung. Und das meinte ich, wenn man nun sagt, die Gesellschaft ist aber nicht das, was an Industrie, an Schornsteinen, an Autobahnen, an Supermärkten, an politischen Parteizentralen usw. vorhanden ist, sondern sie ist ein Medium für Ordnungsmöglichkeiten, die auch ganz anders aussehen könnten. Dabei habe ich wohl eher an Literatur gedacht als an Kunst. Die Kunst ist dann eine andere Form im Medium von Gesellschaft. Und die Frage ist dann: Wie kann sie ihr Eigenes behaupten, wenn sie einen Beitrag zur Gesellschaftsbeschreibung liefert? Ist das eine Gefahr? Ich bin jedenfalls relativ offen in der Schlußfolgerung, ob das ein Problem wird für die Kunst selbst, oder ob sie dann mit Massenmedien, mit Soziologie und mit allen möglichen anderen Formen der Gesellschaftsbeschreibung fusionieren wird.

Es ist in dem Argument auch nicht klar gewesen, ob es eine Gefahr bedeuten kann oder eine Chance zur Weiterentwicklung.

Wenn die Kunst nur Gesellschaftsbeschreibung ist, nur Offerte einer anderen Gesellschaft, einer schöneren, einer humaneren, einer ohne Umweltprobleme, einer ohne Katastrophen, einer sicheren oder was auch immer, dann hat man plötzlich die ganze Alternativbewegung, man hat Politik, man hat alles mögliche drin. Die Kunst ist dann plötzlich ein Mittel, Politik zu machen, ein Mittel, soziale Bewegungen vorzustellen, ein Mittel der Motivation zu Protesten oder zu Alternativprojekten. Und dann nehme ich eben an, daß die Indienstnahme von Kunst für politische Zwecke z. B. sehr naheliegt. Das war ja auch irgendwo ein Problem von Marcuse damals gewesen, daß er plötzlich sah, daß das Schöne ein Mittel der Revolutionierung sein sollte und dann hat er doch gesagt, nehmt mir das als Realität ernst. Also diese Distanz zu der Vereinnahmung seiner Ideen über Kunst durch eine alternativ orientierte, protestierende Politik war ihm plötzlich zuviel. Das ist der Punkt, wo ich auch glaube, daß die Kunst, wenn sie Gesellschaft projiziert, wenn sie also im fiktionalen Bereich andere Ordnungsmöglichkeiten darstellt, immer noch die Kontrolle darüber haben muß: Ist das denn eigentlich auch Kunst?

Das ist eben auch das Spannende an einigen Arbeiten der zeitgenössischen Kunst, die aus Enttäuschung über die Freizeitunterhaltungsmentalität, die im Kunstsystem herrscht, ganz gezielt aus den Kunstinstitutionen wie Museen, Galerien, Ausstellungen hinausgehen und wirklich draußen im gesellschaftlichen, öffentlichen Raum arbeiten, wo der, der das Teil benutzt oder darüber hinweggeht, überhaupt nicht mehr wissen muß, daß es Kunst ist. Das ist völlig egal. So hat Jenny Holzer im letzten Jahr vier weiße Marmorbänke und vier schwarze Granitbänke auf *einer Plaza in New York aufgestellt, auf denen paradoxe Texte eingemeißelt waren.* Die Leute sitzen halt auf der Bank, weil sie sich gerade in der Stadt ausruhen. Aber ob sie das jetzt als Kunst rezipieren oder nicht, das ist für diese Bank völlig unentscheidend. Also ich würde sagen, das Wirkungsfeld ist verlagert. Oder ist das nur eine scheinbare Verlagerung?*

Das führt einen zurück auf das Thema, das wir schon hatten: Gibt es Kunst außerhalb der Kunst? Und da würde ich wieder sagen, wenn ich dieses Beispiel nehme, daß der Künstler eine wirkliche Überraschung der Begegnung mit Kunst inszenieren will. Gerade das Normale, das normale Draufsitzen, das interessiert ihn aber nicht eigentlich. Sondern jemand, der sitzt oder der sich hinsetzt, fängt plötzlich an zu lesen und wird damit gleichsam schockartig – »wieso?« – in ein anderes Medium versetzt. Dieser Wieso-Effekt, das Erstaunen, das *tou mazein* im Griechischen, steht ja überhaupt am Anfang der Kunst. Das ist die schockartige Konfrontation mit einer anderen Realität, die auch Ordnung zu sein verspricht. Ich denke, daß es auf solche Sachen ankommt, nicht darauf, den Passanten Sitzmöglichkeiten zu geben und die Kunst, sagen wir mal, so versteckt zu halten, daß niemand es sieht.

Ich würde sagen, es ist beides. Scott Burton arbeitet im öffentlichen Raum, indem er Sitzbänke aus Marmor schneidet, die gleichzeitig Kunstwerke sind, die sehr stark an reduzierte Brancusi-Objekte erinnern. Aber es ist viel-

---

*   »Selections from Truisms and Under a Rock«, abgebildet in: Diane Waldman: »Jenny Holzer«, New York: Harry Abrams Inc. (1989), S. 48–49.

leicht beides, die Benutzbarkeit, man kann darauf sitzen,
man muß nicht unbedingt wissen, daß es sich dabei jetzt
um ein Kunstwerk handelt. Aber wenn man ein bißchen
aufmerksam ist, dann merkt man, daß da etwas anders
ist im Vergleich zur sonstigen Bestuhlung im öffentlichen
Raum.

Es kann nicht nur die heimliche Schadenfreude sein: Ich
habe ein Kunstwerk gemacht, und niemand hat es gemerkt.
Das ist dann die Grenze. Dann kann man sagen, das ist
eine reflektive Selbstbefriedigung der Kunstwerke. Aber
kein großes System kann völlig auf Selbstbefriedigung
aufbauen.

Im Bereich der Kunst ist momentan ein starker Wandel
von Stilen oder Akzentuierungen, Vorlieben, Präferenzen,
Abneigungen im Gange. Mich interessiert, wie man inner-
halb Ihres Denkmodells historischen Wandel beschreiben
kann.

Ich denke, man muß zwei Dinge voneinander unterscheiden: den Übergang zu einer funktionalen Ausdifferenzierung und Autonomisierung wichtiger Gesellschaftsberei-
che wie Wirtschaft, Wissenschaft, Politik, Recht, Kranken-
pflege, Kunst, Religion usw., daß also eine gesellschaftlich
nicht mehr kontrollierbare Autonomie entstanden ist,
die praktisch das produziert, was heute Gesellschaft ist.
Davon müßte dann die damit verbundene Eigendynamik
der Funktionssysteme selber unterschieden werden, das
Tempo, in dem sich das Recht ändert, das Tempo, in
dem neue Theorien geschaffen werden, das Tempo, in
dem Kunst auf vorherige Kunst mit Überbietungsgesten
oder mit Variationen reagieren muß, von Jahr zu Jahr,

so daß also das Tempo sehr viel schneller läuft als die Lebensgeschichte des einzelnen Künstlers und er – wenn er nicht aufpaßt oder picassoartiges Geschick besitzt – sofort veraltet. Diese Phänomene sind zurückführbar auf Ausdifferenzierung und haben eine eigentümliche Fatalität. Man kann sich dann natürlich fragen, was wird nun an Konstanten produziert, wenn es im ständigen Wechsel läuft?

Wie würde sich die weitere Ausdifferenzierung solcher Funktionssysteme der Gesellschaft in der Zukunft gestalten? Differenziert sich das immer weiter aus, wird es immer autonomer, oder wie kann man sich das denken?

Nein, ich glaube, daß die Autonomie erreicht ist. Ich sehe auch Autonomie eigentlich im Zusammenhang mit dieser operativen Schließung, also nicht als etwas, was mehr oder weniger da sein kann, sondern etwas, was entweder ist oder nicht ist. Wenn man Kunst im Hinblick auf andere Kunst als Kunst erkennt, also Werke als Kunst erkennt, weil sie anders sind als andere Werke, oder weil sie ein geschichtliches Gespräch führen mit vorhandenen Stilen und mit anderen Stilen, innovativ sein sollen, müssen oder wollen, dann ist die Autonomie der Kunst gegeben. Die Frage ist dann eigentlich nur: Bleiben wir bei diesem Gesellschaftstypus einer Autonomisierung, einer Eigendynamik, einer Abschließung, die alle wechselseitigen Einwirkungen mehr oder weniger, so massiv sie sind, dem Zufall überläßt und jedes System mit der Tatsache konfrontiert, niemand nimmt es mehr zur Kenntnis, niemand interessiert sich mehr dafür? Oder werden die Ansprüche an Sehen-Können so hochgeschraubt, daß kaum noch jemand sie erfüllt, es sei denn die Experten? Und selbst den Kritikern wird ja vorgeworfen, daß sie nicht selber malen.

Das sind Probleme, die in jedem Funktionssystem andere sind und in der Kunst im Übergang von der Avantgarde zur Postmoderne auch auf eigentümliche Weise provisorisch reflektiert werden. Damit meine ich, daß man in der Gegenwart die Frage hat, ob jetzt das Ende der Reflexion des Kunstbegriffs im Kunstwerk erreicht ist. Man geht an die Grenzen, man übertrifft, man macht es anders als andere. Wie lange noch, mit welchen Radikalitäten? Wenn man das jetzt auf Postmoderne umstellt, daß man irgend etwas aus dem Schatz auswählt – und wie man das tut, bleibt dem Belieben überlassen –, dann ist die Frage, inwieweit sich das jetzt durchsetzt und inwieweit von da aus historisch ein weiterer Schritt möglich ist.

Gegen diese Beliebigkeit und Auswählbarkeit?

Ja, und ob sich da nicht doch irgendwo wieder ein Qualitätsbewußtsein durchsetzen kann, das Stabilität verspricht, d.h. ein Urteil, das man auch auf andere Kunstwerke anwenden kann.

Das müßte dann durch Autorität geschehen, also durch das Diktum eines autoritären Führers, der sagt: Das ist Qualität und der Rest nicht.

Im Wissenschaftsbereich, in der Soziologie haben wir auch dieses Problem: Theorienvielfalt, Pluralismus, Diskurse, jeder hat seine eigene Theorie usw. Ich weiß nicht, ob man nicht sowas wie eine neue Strenge fordern sollte, ob man nicht z. B. im wissenschaftlichen Bereich auf begriffliche Genauigkeit achten sollte: »Was genau meinst du eigentlich?« Und da könnten plötzlich neue Möglichkeiten entstehen, genau zu sein. Ich könnte mir auch vorstellen, daß es in der Kunst eigentlich auch eine neue Strenge geben könnte. Ein ungarischer Kunsthistoriker hat mal von nouvelle sévérité gesprochen – also von einer neuen Ernsthaftigkeit und Strenge. Man könnte Überlegungen anstellen, was paßt zu was und welche Kombination wirkt als Kombination neu, so daß man in der Reflexion einfach wieder auf die Mittel achtet. Aber das ist natürlich Reflexion eines Soziologen, der eigentlich abwarten muß, was geschieht, bevor er sagen kann, was der Fall ist.

Aber wir alle wollen ja wissen, was als nächstes kommt.

Aber da bin ich immer sehr zurückhaltend, weil ich eigentlich zwar Möglichkeiten sehe, aber gerade, wenn man von der Wissenschaft aus argumentiert, will man ja auch nicht Vorschriften machen, was die Kunst nun eigentlich tun sollte. Bei der Politik ist es dasselbe. Da ist man in gewisser Weise darauf angewiesen, daß im Möglichkeitsspektrum irgend etwas tatsächlich auch gemacht wird und vor allen Dingen auch gemacht werden kann.

Sie meinen, daß man aus der Vielfalt an Möglichkeiten durch Strenge und Genauigkeit die Qualität der Kunst steigern, also eine neue Entschiedenheit einbringen kann?

Ja, und was die Wissenschaft dazu bieten kann, ist eigentlich nur die Unsicherheit, ob das geschieht oder ob es möglich ist. Die Wissenschaft, wenn sie auf andere Bereiche auftrifft, auf Politik – übrigens auch auf Wissenschaftstheorie –, auf Wirtschaft, erhöht immer Unsicherheit. Auch bei Theologen habe ich das Problem. Wenn ich sozusagen am Gottesbegriff bastle, versetze ich die in Unsicherheit.

Das ist nicht nur bei den Theologen so, sondern Sie verset-
zen auch die Künstler mit Ihren Theorien in Unsicherheit.
Aber das kann ja manchmal ganz produktiv sein.

Ja, aber das heißt eben: Macht es doch selber.

Zur Zeit finden Ihre Theorien in der Kunstwelt starke
Beachtung. Es gibt durchaus eine Wirkung in die Kunst
direkt hinein. Nur würde ich sagen, daß manchmal die
terminologische Begrifflichkeit für Künstler ein fast un-
überwindliches Hindernis bildet.

Innerhalb der Theorie operativ geschlossener Systeme
heißt das natürlich: Die Wissenschaft spricht zur Wissenschaft, und wenn ein anderer was davon hat, ist es Zufall.
Nun kann man Zufälle verdichten. Zufälle sind nicht
Seltenheiten des Ereignisses. Ich denke, daß die Soziologie,
wenn sie eine Gesellschaftstheorie formulieren will, alle
intellektuellen Hochleistungen, alle künstlerischen oder
sonstigen Sondersemantiken mit hohen Ansprüchen als
gesellschaftliche Tatsachen behandeln muß. Und sie kann
nicht einfach sagen, das ist eine andere Wissenschaft, das
macht man an Kunsthochschulen und nicht an Universitäten, das sind die theologischen Fakultäten, das sind die
Ökonomen und so. Sondern man muß tatsächlich sehen,
daß diese Dinge in der Gesellschaft vorkommen. Eine
Gesellschaftstheorie kann das nicht einfach ignorieren,
nur weil es eine akademische Arbeitsteilung gibt. Daraus resultiert – bei mir jedenfalls – ein starkes Interesse
an Extravaganzen, Artifizialitäten oder hochgetriebenen
Sonderansprüchen. Ich versuche innerhalb der Soziologie eine Sprache zu entwickeln, die dem angemessen ist.
Das bringt mich in die Nähe zu Pädagogen, Theologen,

Kunstwissenschaftlern oder auch Künstlern. Andererseits ist keine Regulierungsabsicht dahinter.

Die Breite und Wandlungsfähigkeit Ihrer Themen ist ja erstaunlich. Es gibt ja kaum etwas, über das Sie nicht geschrieben haben. Gibt es bestimmte Gegenstandsbereiche, die Sie nicht interessieren?

Ich will nicht apodiktisch ein für allemal »nicht interessieren« sagen, aber z. B. habe ich immer Schwierigkeiten mit räumlichen Ordnungen. So gern ich in Brasilien bin und mich für die politischen Verhältnisse dort interessiere, aber Brasilien als Einheit interessiert mich nun wieder nicht. Oder nehmen Sie die Stadt Bielefeld, das ist kein System. Also alle räumlichen, regionalisierenden Einheiten interessieren mich nicht so sehr. Wie man sich über Raum im Verhältnis zu Kommunikation Gedanken machen kann, das ist z. B. so ein Bereich. Oder auch: Ich lehne alle Einladungen ab, die mich veranlassen wollen, über den Menschen zu sprechen. Menschenbilder, sowas Grausliches. Also der Mensch interessiert mich nicht, wenn ich das so hart sagen darf.

OFF

Niklas Luhmann im Interview mit
Gerald Breyer und Niels Werber[*]

*Gerald Breyer, Niels Werber: Herr Luhmann, die meisten
Interviews, die mit Ihnen bisher geführt worden sind, haben
eine größere Publikation aus Ihrer Feder wie etwa »Liebe
als Passion« oder »Soziale Systeme« zum Anlaß gehabt
und Ihnen die Gelegenheit gegeben, eine gleichsam stak-
katoartige Form des Buches zu geben. Dieser Anlaß fehlt
uns, da die Anfang 1992 erschienenen »Beobachtungen der*

---

[*] Mehr als zweieinhalb Stunden sprachen am 19. Oktober 1992 Gerald
Breyer und Niels Werber mit Luhmann und gaben dem Interview den
Untertitel »Die Systemtheorie zwischen Involution und Normativität«.
Dabei wurden sie von dem Wunsch geleitet, sowohl Redundanzen zu
den bisher von anderen Zeitschriften publizierten Interviews als auch
eine pure Darstellung der Systemtheorie in Kurzform zu vermeiden, um
sie statt dessen nach Schwachstellen abzuklopfen und ihre Fähigkeit zu
Konkretionen zu erproben. Einige große Themenkomplexe sind ausführlich
zur Sprache gekommen: der als Paradigmenwechsel etikettierte Umbau
der Systemtheorie rund um den Begriff der Autopoiesis, der Sinn von
Luhmanns geradezu exzessivem Fußnotengebrauch, Spencer Browns
Beobachtungslogik und die Konsequenzen einer Theorie der *second
order observation*, die Bedeutung der neuen Medien und ihre Reflexion
durch die Systemtheorie, die Fähigkeit der Systemtheorie zur politischen
Analyse und zu einer Prognostik sowie das Problem der Kunst in einer
Gesellschaftstheorie mit universalem Anspruch. Luhmann äußerte sich
diesseits reiner Theorie auch zum politischen und ökonomischen Tages-
geschehen mit erfreulicher Deutlichkeit, so daß sich in diesem Interview
ein politisches Profil abzeichnet, das lange relativ konturlos geblieben ist.
Das Interview wurde von Breyer/Werber gekürzt. Ihre Zusammenfassung
in indirekter Rede (mit O-Ton-Passagen von Luhmann in Anführungs-
zeichen) wird hier leicht gekürzt in Fußnoten wiedergegeben.

Moderne« eher bekannte Positionen durchspielen. Daher
unsere erste Frage: Gibt es bei Ihnen momentan Überle-
gungen, die für Ihre Theorie von ähnlicher Reichweite sein
könnten wie die Entdeckung des Autopoiesis-Konzepts für
die Theorie sozialer Systeme oder für die Einführung von
George Spencer Browns Logik in die Theorie der Beob-
achtung zweiter Ordnung? Steht die Systemtheorie in einer
Phase der Involution, der Kombinatorik des Bekannten,
oder sind noch Überraschungen zu erwarten?

Niklas Luhmann: Nein. Ich glaube, in den abstrakte-
ren Grundlagen wird sich nicht mehr viel verändern.
Allerdings kommen Veränderungen ja immer als Überraschungen, auch für mich selber. Aber der Einzugsbereich
dessen, was ringsherum geschieht, ist im Moment relativ
übersichtlich, so daß ich keinen Anlaß habe zu vermuten,
daß von außen irgendwelche Anregungen kommen könnten, die irgend etwas dramatisch ändern würden. Was
faktisch geschehen muß ist, die »Gesellschaftstheorie«
zu publizieren. Es gibt bereits eine italienische Version,
»La theoria de società«, allerdings nur für den Hoch-
schulgebrauch.

Die »Sozialen Systeme« hatten Sie im Untertitel als
»Grundriß einer allgemeinen Theorie« bezeichnet, man
durfte also auf die Ausarbeitung der Theorie selbst noch
gespannt sein. In dem Typoskript der »Gesellschaftstheo-
rie«, das uns bekannt ist, wird der Begriff der Gesellschaft
als universaler Horizont aller Kommunikation bezeichnet.
Damit sei weder ein Residualbegriff gemeint – also das,
was übrigbleibt, wenn man von allen Kommunikationen
die in Systemen gebunden abzieht –, noch sei die Ge-

sellschaft die Schnittmenge aller Kommunikationen, die in sozialen Systemen stattfinden. Ansonsten werden die bekannten Beschreibungen der Funktionssysteme noch einmal nacheinander skizziert.

Die Gesellschaft ist in jedem Fall kein Horizont, sie ist ein System, das umfassende System aller Kommunikation. Insofern können die Systemtheorie und ihr Apparat darauf angewendet werden. Die »Sozialen Systeme« waren ja ursprünglich als Einleitung für eine Gesellschaftstheorie gedacht, als Vorwort. Doch dies hat sich abgelöst.

Läßt sich denn in einer Theorie der Gesellschaft noch einmal qualitativ mehr sagen, als von der Theorie autopoietischer Funktionssysteme schon ausgesagt worden ist? Wir können uns kaum vorstellen, daß man mehr sagen kann, als daß die Gesellschaft die Summe aller Kommunikationen ist.

Nun, die Systemdifferenzierung ist zwar schon abstrakt behandelt, aber die Geschichte der Entwicklung von segmentierten zu stratifizierten und zu funktionalen Gesellschaften ist noch nicht geschrieben. Auch das ganze Evolutionskonzept fehlt. Und die Selbstbeschreibungen, also welche Theorien in der Gesellschaft über die Gesellschaft gemacht werden. Das Kommunikationskonzept wird zwar auf den »Sozialen Systemen« aufbauen, aber dort fehlen ja noch die Kommunikationsmedien. Das Problem der Schrift, also der Kommunikationstechnologien, ist ja auch noch nicht behandelt.

Das Programm erinnert an »Gesellschaftsstruktur und Semantik«, deren historische Dimension nun bis in die frühen oralen Kulturen ausgedehnt wird.

Ja, aber das waren ja nur themenspezifische kleine Abhandlungen, während dies ein systematischer Überblick werden soll.

Medien

Die Einbeziehung technischer Medien in die Systemtheorie spielt in evolutionstheoretischer Hinsicht ja geradezu eine Schlüsselrolle. Die Erfindung der Schrift steht in engstem Zusammenhang mit der Umstellung der Gesellschaftsstruktur von segmentärer Differenzierung nach Stämmen auf eine stratifizierte Differenzierung nach Ständen. Die Erfindung des Buchdrucks setzt gleichsam das Startsignal für die primär funktionale Ausdifferenzierung der Gesellschaft in Systeme. Die Erfindung des Buchdrucks und seine Vervollkommnung durch Rotationsdruck, preiswertes Papier und schnelle Setzverfahren ist fast 200 Jahre her. Seitdem haben neue technische Medien eine Bedeutung erlangt, die dem Buch fast gleichkommt: Grammophon und Film, Telephon und letztlich: die digitale, elektronische Datenverarbeitung. Glauben Sie, daß die Computerisierung der strukturellen Evolution der Gesellschaft einen ähnlich relevanten Schub gibt wie einst die Erfindungen der Schrift und des Buchdrucks?

Dieser Komplex ist eine schwierige Sache, die sich kaum auf eine Formel bringen läßt, denn es gibt da ja die verschiedensten Techniken. Einmal die beweglichen und mit Sprache unterlegten Bilder, also Film und Fernsehen, was ja mit Computern zunächst einmal gar nichts zu tun hat. Dieser Bereich hat zwar eine Auswirkung auf die Gesellschaft, aber man kann das noch nicht übersehen, mir scheint, daß die empirische Forschung hier stagniert. Die Frage der Computerisierung ist nicht nur für den Kommunikationsbereich wichtig, sondern auch direkt in der Forschung, in der Produktion. Ob das als Kommunikationshilfe anzusehen ist, ist für mich noch kein einheitliches Problem. [...][1]

Also ein Schritt in Richtung Entdifferenzierung, die ja von vielen Theoretikern emphatisch begrüßt wird?

Von der operationalen Seite aus sehe ich da kein Problem, das Problem taucht nur auf, wenn man von der Vorgeschichte bzw. Herkunft der Operation ausgeht. Aber wenn man Differenzierung von der Selbstlokalisierung einer Operation innerhalb eines Systems begreift und nicht von der Vorgeschichte her, ist das eigentlich kein Problem. [...][2]

Wie erklären Sie sich, daß Philosophen oder Medientheoretiker, wie etwa Baudrillard, davon ausgehen, daß simulierte Wirklichkeit von nicht-simulierter Realität nicht mehr zu unterscheiden sei und man deshalb nur noch von Simulakren sprechen könne? Es gibt auch Künstler, die der Ansicht sind, daß mit Hilfe von Computern erstellte Kunstwerke ihren Werkcharakter verlören und sie sich erst durch Interaktion mit den Betrachtern aufbauten.

[1] Luhmann weist darauf hin, daß die Herkunft von Informationen nicht mehr so sichtbar sei. Die Analogien zur mündlichen Kommunikation, wie die Autor-Leser-Differenz, die Zweiseitigkeit, die ja in schriftlicher Kommunikation immer noch bewahrt wird, würden eventuell wegfallen. Firmen könnten beispielsweise nicht mehr nachvollziehen, ob Informationen, die sie verwenden, aus ihrer Umwelt stammen oder intern produziert wurden »als eine Art Invisibilität der operationalen Sequenz«.

[2] Was nach Ansicht Luhmanns schwieriger werden wird, ist die Kontrolle und der Schutz gegen Mißbrauch und die Rückverfolgung von Informationen.

An Baudrillard glaube ich schlicht nicht. Wahrscheinlich würde überhaupt nichts funktionieren, wenn das richtig wäre. Ich hoffe nicht, daß mein Bankkonto simuliert ist. Wir können uns hier verabreden, und Sie und ich kommen dann auch. Das ist bei Baudrillard einfach eine Imagination, die durch begrenzte Sachverhalte angeregt ist. [...][3]

Die Hoffnung auf interaktive bzw. symmetrische Kommunikation findet sich ja auch bei der Einführung des Mediums Radio. Man denke an Brechts Radiotheorie.

Das glaubte man bei der Einführung des Buchdrucks ja auch. In den ersten gedruckten Büchern wurde der Leser aufgefordert, selber zu antworten, seine eigenen Erfahrungen, etwa mit Kräutern, an den Autor des Buchs weiterzugeben. Der Leser wurde sogar aufgefordert, selbst Bücher zu schreiben. Aber was Baudrillard betrifft, da sollten Sie ihn fragen. Ich sehe keine Veränderungen von gesellschaftlicher Tragweite. Ich beobachte nur Veränderungsstückchen, neue Möglichkeiten in verschiedenen Hinsichten. Etwa auch im wissenschaftlichen Bereich, dort beispielsweise im Bereich der modernen Logik, die ohne Computer gar nicht mehr machbar wäre, da die Rechenvorgänge zu kompliziert sind. Oder auch Multimediaanwendungen in der Wissenschaft. Noch einmal, ich sehe also nur ein Mosaik von unterschiedlichen Erscheinungen,

---

[3]   Luhmann fährt damit fort, daß etwa in der elektronischen Musik bestehende Kompositionen durch Computerprogramme variiert werden können. Dadurch werde die Vielfalt und die Verfügbarkeit von möglichen Formen, aber auch die Schwierigkeit, zu Formen zu kommen, vergrößert. Dieser Sachverhalt habe aber mit der Einbeziehung des Publikums nichts zu tun.

aber nichts, was dem kulturellen Stoßeffekt der Schrift gleichkäme. [...][4] Man kann schon wissen, daß der Film eine Konstruktion ist, und man fürchtet nicht, daß der Fernsehapparat brennt, wenn Bilder einer brennenden Fabrik gezeigt werden.

Die neuen Medien werden also in die bestehenden Funktionssysteme integriert?

Ich sehe eine Ausweitung von Möglichkeiten, die den Organisationsaufwand und den Formfindungsaufwand schwieriger machen. Es fällt ja auf, daß beispielsweise die Computerisierung in Firmen mit fast unveränderten Organisationsformen durchgeführt wird. Die Firmen sind in der Technologie innovativ und kreativ und in der Organisation konservativ. Banken – die ja an den internationalen Börsen mit Computern arbeiten – haben nach wie vor ihre hierarchische Organisation. Eines der Probleme wird also sein, ein Medium von Möglichkeiten wieder auf Formen zu bringen und das wirklich auszunutzen. Aber ich kann hier nur laienhaft sprechen.

Autopoiesis

Von einem Ihrer früheren Bücher, der »Legitimation durch Verfahren«, bis zu den aktuellsten Publikationen zieht sich die Figur der Selbstreferenz. Kontinuierlich betonen Sie die operationale Geschlossenheit sozialer Systeme, die

---

[4]   Anders stellt sich für Luhmann allerdings die Kommunikation über bewegliche Bilder dar. Der Betrachter bekomme eine »fingierte Realität« wie eine »wirkliche Realität« vorgeführt. Aber auch hier sei nicht abzusehen, welche Effekte damit bewirkt werden. Man wisse ja eigentlich, daß dies fingiert und vorgetäuscht sei. Selbst Realaufnahmen seien hochgradig selektiv.

gerade dadurch Umweltoffenheit erreichen. Daran hat die Neudefinition sozialer Systeme als autopoietische nichts geändert, denn daß etwa im System selbst produziert und reproduziert wird, geht auch schon in den 60er Jahren aus Ihrer Theorie hervor. Birgt die Einführung der Theorie autopoietischer Systeme in die Soziologie wirklich einen Paradigmenwechsel, der auf die theoretische Architektur folgenreich durchschlägt, oder hatte diese Eingemeindung wissenschaftspolitische Ziele, etwa um die Anschluß-fähigkeit und Interdisziplinarität der Systemtheorie zu demonstrieren?

Ja und nein. Man könnte Autopoiesis durch operationale Geschlossenheit austauschen, obwohl es eine gewisse Nichtidentität gibt, weil in dem Terminus »operationale Geschlossenheit« der Begriff der Selbstreferenz nicht explizit angesprochen wird. Mit dem Begriff wird versucht, Theorien zu konzipieren, die für verschiedene Systemtypen wie Leben, Bewußtsein und soziale Kommunikationen, aber auch Evolution, gelten. Dann sind in anderen Wissenschaften eingeführte Termini, die auch in der Soziologie funktionieren, wichtig. Außerdem ist in der gegenwärtigen Situation die interdisziplinäre Offenheit der Soziologie herzustellen und zu dokumentieren, anstelle der Abhängigkeit entweder von politischen Methoden oder von Klassikern. Das war schon für Parsons wichtig, für ihn spielten Freud, Chomsky, institutional economics, aber auch Kybernetik eine Rolle.

Zur Einführung des Autopoiesis-Begriffes in die Theorie sozialer Systeme gibt es ja unterschiedliche Auffassungen bei den »Entwicklern«. Varela lehnt den Import ab, für *ihn ist es ein streng biologischer Begriff, der durch seine Einführung in die Soziologie verflacht wird. Maturana dagegen sagte uns kürzlich in einem Interview auf die Frage, wie er zur Einführung des Konzeptes in die Systemtheorie steht, »wenn man kann, dann kann man«. Er scheint dieser Übernahme also positiv gegenüberzustehen. Sie beobachtende Soziologen halten es für übertrieben, mit der Einführung der Autopoiesis von einem Paradigmenwechsel zu sprechen. [...]*[5]*

Das Problem der Beobachtung, überhaupt der Begriff der Beobachtung muß darauf abgestellt werden, daß die Beobachtung immer ein System voraussetzt, wenn sie fortgesetzt werden soll. Es gibt also eine Menge von Zusammenhängen in der Theoriekonzeption, die mit dem Begriff der Autopoiesis vielleicht nur angedeutet sind. Die Kritik macht zum Teil den Fehler, zu glauben, durch Autopoiesis irgend etwas erklären zu können, was natürlich unsinnig ist. Wenn Leben Autopoiesis ist, dann gibt es Mücken und Schlangen, Menschen und Affen und Hühner. Was kann man denn da erklären mit Autopoiesis? Wenn Autopoiesis auf der Ebene von Kommunikation funktioniert, dann gibt's tribale Gesellschaften, es gibt Wissenschaftler [...], alles ist dann Autopoiesis. So erklärt das überhaupt nichts, es organisiert nur ein komplexes Netzwerk von dazu passenden Begriffen anders. Und nur

---

[5]   Autopoiesis stellt sich für Luhmann nicht als »erklärender Begriff« dar, sondern als eine »Aufforderung«, andere Begriffe dazu passend zu reformieren. Für ihn hat der Autopoiesis-Begriff aber eine sehr zentrale Bedeutung, da er »zwangsläufig die operationale Geschlossenheit des Systems erfordert und Selbstreferenz sowohl auf operativer als auch auf reflexiver Ebene verlangt«.

insofern kann man von Paradigmenwechsel sprechen. Aber man könnte für Paradigmenwechsel auch ganz andere Einstiegsebenen nehmen: Heinz von Foerster würde beispielsweise von der second order cybernetics ausgehen und sagen, die Unterscheidung von Subjekt und Objekt ist zusammengebrochen und das Subjekt ist immer Teil eines Objekts. Das verändert für ihn nicht nur die gesamte Wissenschaft, sondern überhaupt alles. Da hat man auch einen Paradigmenwechsel, nämlich: Die Erkenntnis liegt nicht mehr außerhalb des Gegenstands oder beide sind zusammen in einer Welt, die sich dann ins Unerkennbare zurückzieht. Das kann ohne Autopoiesis formuliert werden; nur wenn man vom Beobachterkonzept ausgeht und sich vorstellt, daß der Beobachter nicht nur Einmalereignis ist, sondern seine Beobachtungen fortsetzt und auf seine Vergangenheit – also Gedächtnis – zurückgreift, kommt man zu einem Systembegriff. Dann stellt sich die Frage, wie man unter konstruktivistischen Gesichtspunkten das beobachtende System anders als autopoietisch begreifen kann, sonst hätte man ja die Umwelt als direkten Beitrag zur Beobachtung. Diese Überlegungen sprengen jede hierarchische oder axiomatische Präsentation einer Theorie. Ich denke, daß in diesem Bereich so wenig logozentrische – wenn man das mit Derrida sagen darf –, so wenig Zentrierung auf einen Grundbegriff stattfindet, daß das sehr faszinierend ist.

Was können Sie uns zur Person von George Spencer Brown sagen, der ja einen großen Teil seiner Bekanntheit in den Geisteswissenschaften der Einarbeitung seines »draw a distincton«-Kalküls in die Systemtheorie verdankt.

Spencer Brown lebt zur Zeit in London. Persönlich habe ich ihn nie getroffen. Dirk Baecker hat den Kontakt übernommen, weil er versucht, die Übersetzung von »Laws of Form« ins Deutsche zu organisieren. Das ist in vielen Hinsichten ein schwieriges Projekt.

Der Suhrkamp-Verlag hatte das Erscheinen der deutschen Übersetzung von »Laws of Form«, die von Hans Günther Holl unternommen wurde, für Mitte Oktober angekündigt. Doch wie vom Verlag nach einem mißlungenen Bestellversuch zu erfahren war, gab es Einsprüche von Spencer Brown, die das Erscheinen der Übersetzung bis heute verhindern.

Es gibt die Schwierigkeit, Spencer Browns Genehmigung für die geplante zweisprachige Übersetzung zu bekommen, weil in Amerika jetzt gleichzeitig eine neue Auflage mit einem anderen Vorwort erscheint und dieses Vorwort für die Übersetzung nicht freigegeben ist. Spencer Brown legt nun einer Veröffentlichung hier in Deutschland Steine in den Weg. Schwierigkeiten gibt es also nicht vom Text her, der ist ganz einfach, eine festgelegte Terminologie. Aber wir haben vor – auch das organisiert Dirk Baecker –, Begleittexte, einen über Spencer Brown und einen anderen über den Formbegriff, herauszubringen. Hingewiesen auf Spencer Brown wurde ich Anfang der 1970er Jahre durch Mathematiker hier in Bielefeld. Das war so ein bis zwei Jahre nach dem Erscheinen von »Laws of Form«. Es gab an der Uni einen Gesprächskreis über Komplexität und die Temporalisierung des Aufbaus von Komplexität. Wir fragten uns, ob es eine Mathematik dafür gibt, wie man zu etwas kommt, das die Evolutionstheorie beschreiben würde. In dem Zusammenhang hat man mich auf Spencer Brown hingewiesen. Ich habe mir das dann zwar angeschaut, aber es nicht verwendet. Später gab dann Heinz von Foerster eine zweite Anregung. Bei Gesprächen über die Beobachtung zweiter Ordnung und über die Frage, was man beobachtet, wenn man einen Beobachter beobachtet, kommt man zu der Frage, welche Unterscheidung der Beobachter gebraucht, gut und böse, Mann und Frau oder groß und klein etc. Spencer Browns Text selbst hat ja ein sehr enges Ziel, nämlich die Arithmetik und die Boolesche Algebra mit einem einzigen Operator zu formulieren, und zwar unter Weglassen von vielen Dingen, auf die die klassischen Mathematiker vielleicht keinen Wert legen würden. Dies geschieht auf sehr elegante Weise: Das Kalkül ist eingebunden in ein Anfangs- und ein Endparadox. Ersteres arbeitet mit Unterscheidung und Bezeichnung, die wiederum eine Unterscheidung ist, letzteres ist das Re-Entry, die Anwendung der Unterscheidung auf eine Seite der Unterscheidung. In dem Kontext der Beobachtung von Beobachtern ist der Spencer Brownsche Text mit seinem differenzialistischen Ansatz und dem Formbegriff einer der Grundtexte neben dem, was dann in Frankreich aus Saussure gemacht worden ist, bis hin zu Derrida.

Fußnoten

Daß Ihre Bücher durch Ihre Komplexität den ersten Zugriff auf Ihre Theorie geradezu abweisen, ist schon des öfteren festgestellt worden. Aber selbst wenn man sich einen Überblick über ihre Theorie verschafft hat und man langsam verstehen lernt, sich in ihr zu bewegen, stehen ständig

neue Schocks von geradezu frustrierender Dimension
bevor: Ihre Fußnoten nämlich. Sie haben die Gewohnheit,
oftmals an zentralen Stellen lapidar auf ganze Theorien zu
verweisen, etwa auf Spencer Brown, Gotthard Günther
oder Michel Serres, oder auf die gesammelten Werke von
Vertretern ganzer Epochen wie der französischen Klassik
oder der deutschen Romantik. Zudem finden sich zahllose
Anspielungen auf Spezialforschungen, die außerhalb der
Soziologie liegen. Da Sie einmal gesagt haben, man dürfe
nur Bücher zitieren, die man selber gelesen hat, stellt sich
nicht nur die eher simple und staunende Frage, wie Sie
dies schaffen, sondern auch eine weiterführende: Welchen
systematischen Stellenwert haben diese vielen Verweise?
Über den Zusammenhang der zitierten Schriften mit den
sie zitierenden Stellen könnte man gewiß Dissertationen
schreiben, denn er bleibt öfters vage. Um einmal konkret
zu werden: Inwieweit ist ein Verweis auf Spencer Browns
»Laws of Form« ein Argument, das wichtig ist über seine
Rolle als Metaphernlieferant hinaus? Sind die Berührungs-
punkte zwischen Brown und Ihnen wirklich derart, daß
es sich lohnt, bei Brown nachzulesen, um die Textstelle
bei Ihnen besser zu begreifen? [...][6]

Einerseits habe ich das Gefühl, die Herkunft von Gedanken
festhalten zu müssen, mich ärgert immer eine Schreibweise,
wie etwa die von Foucault, wo man genau weiß, daß riesige

---

[6] Luhmann weist bei der Beantwortung dieser Frage darauf hin, daß
die Verwendung der Begriffe Spencer Browns oder ein Verweisen
auf seinen Text vor allem die Funktion der »Dokumentation von
Anregungen für die eigene Arbeit« habe. Von einer metaphorischen
Verwendung könne nicht die Rede sein, allerdings erschienen die
Begriffe oder Konzepte in einem neuen Kontext.

Materialsammlungen vorhanden sind, die aber nicht in Literaturangaben eindringen. Ich sitze dann immer fest, wenn ich Texte lese, die voll historischen Wissens sind, ich aber nicht weiß, was der Autor konkret im Auge hatte, wenn er diese Erkenntnis als gesichert darstellt. Aber ein Fußnotenhinweis ist darüber hinaus auch die Ersparnis eines ausführlichen Referierens. Wenn ich mich auf Gotthard Günther beziehe, etwa auf die Disjunktions-, Konjunktions-, Transjunktionsstruktur, so würde eine ausführliche Darstellung der Argumentation Gotthard Günthers die eigenen Gedanken zu sehr unterbrechen. Ich möchte mir das Referieren in der Form, wie viele andere es tun, die sich von Autor zu Autor hangeln und dann einen Schluß daraus ziehen, ersparen. Das Referieren halte ich grundsätzlich für leichtsinnig, weil man dann Verkürzungen und Interpretationen einbaut – man denke an Habermas –, die der ursprüngliche Autor gar nicht akzeptieren würde und die der Leser dann für authentisch hält. Mein Anmerkungsapparat hat also diesen Doppelsinn: Einmal in der Wissenschaftslandschaft Orientierungen zu geben und Abkürzungen für das Referieren zu finden. Aber das läßt sich nicht einheitlich beantworten, so hat der Verweis auf empirische Untersuchungen schon wieder einen ganz anderen Sinn.

Paradoxien der Beobachtung zweiter Ordnung

Die soziologische Systemtheorie bezieht eine Position des spezifischen Universalismus, d. h., sie beansprucht, alles zu beobachten, aber nur im Rahmen ihrer spezifischen Optik. Wenn die Theorie die Gesellschaft beobachtet, stellt sie fest, daß jede Perspektive die »Welt« neu generiert und durch Selbstbeobachtung wissen kann, daß ihre Perspektive nicht die einzige ist. Auf sich selbst angewendet, hat die Systemtheorie gefolgert, daß auch ihre Sicht keinesfalls die einzige ist und sie ihre eigene »Selbst-Desinteressierung« betreiben müßte. Es fragt sich, was dann noch dafür spricht, als Beobachter zweiter Ordnung, als Beobachter also, der um seine Perspektivität und folglich um die Polyperspektivität der Welt weiß, gerade die Systemtheorie als Plattform zu wählen. Was bietet die Systemtheorie für Anreize, die andere Positionen nicht zu liefern imstande sind? Hat die »Selbst-Desinteressierung« möglicherweise ein Desinteresse zur Folge? Oder führt sie zu einem Dezisionismus der Theoriewahl?

Ich weiß nicht, was daran dezisionistisch sein soll.

Ich meine, daß man durch theorieexterne Motive zur Wahl einer Theorie geleitet wird. Wenn ich prinzipiell wissen kann, daß jede Position die andere beobachten kann, aber eben auch jede einen blinden Fleck hat, dann wähle ich eben die ästhetischere oder eine, die vom netteren Professor vertreten wird. Intern kann die Systemtheorie jedoch nicht mehr begründen, warum man gerade ihre Position einnehmen soll, da sie sich selbst desinteressiert hat.

Es gibt für den Theorievergleich einige Kriterien, z. B. die erreichbare Komplexität. Oder auch die Fähigkeit, eine Gesellschaftstheorie zu machen, die man ja wohl kaum machen kann, wenn man vom Schichtungsparadigma ausgeht.

Doch, nur wäre dann die Gesellschaft eine andere.

Aber wie soll man denn etwa Risiken im Schichtungs-paradigma denken? Dann wäre Schichtung ein Resultat von Risikobereitschaft. In der Soziologie muß man fragen, wie komplex eine Gesellschaftstheorie werden kann, die einem bestimmten Unterscheidungskalkül folgt; und da ist mehr drin, als schlicht zu sagen: »Ich mach das eben so.« Nehmen Sie die System/Umwelt-Unterscheidung, die das Individuum in die Umwelt plaziert. Es ist ja höchst un-denkbar für das Individuum, wie wir es kennen, wenn man den empirischen Einzelmenschen mit seinem Gedächtnis, Nervensystem, Krankheiten als durch soziale Operationen produziert denkt – also alles, was an ihm nicht chemisch und genetisch ist. Das wäre Quatsch.

Sind Komplexität und Reichweite die Kriterien für den Theorievergleich?

Vielleicht gibt es andere. Aber diese würden ausreichen, um nicht einfach zu sagen: »Ich mach es so.« Das mag sich ändern, aber im Moment scheint es die System/Um-welt-Unterscheidung zu sein, die mit unabhängig von-einander entwickelten Theorieansätzen kompatibel ist. Dann haben wir Kompatibilität als Kriterium. Nehmen Sie die Evolutionstheorie, die aus spieltheoretischen oder systemtheoretischen constraints zusammengebaut wird. Oder die Theorien der Beobachtung, jene Theoriefiguren, die nötig werden, wenn man die Unterscheidung von Sub-jekt und Objekt kollidieren läßt, weil der Beobachter im Beobachteten wieder auftaucht. Die Systemtheorie lehnt damit auch die Ontologie der Tradition mit Ihrer Unter-scheidung von Sein und Nicht-Sein ab. Dennoch können mit ihr Theorien harmonieren, die an die empirische

Forschung angelehnt sind, aber auch mit solchen wie die George Spencer Browns. Ihr Argument bezieht sich auf eine bestimmte Wissenschaftssituation, und im Moment sehe ich keine bessere Möglichkeit für den Aufbau von Voraussetzungen für eine Gesellschaftstheorie.

In welchem Sinn war dann das Diktum von der Selbst-Desinteressierung?

Nein, dies meint die Distanz zu anderen Funktionssystemen und den Rückzug auf die Wissenschaft als nur ein Funktionssystem der Gesellschaft. Und man negiert bestimmte Engagements, beispielsweise religiöse. Es wehrt den Verdacht ab, man wolle missionieren und habe selbst den richtigen Glauben. Selbst-Desinteressierung meint auch, daß man nicht wie Habermas das Interesse hat – es ist fürchterlich, wenn man das sagt –, eine Endlösung der Kommunikation anzuvisieren oder eine final opinion einer vernünftig durchargumentierten Meinung.

Liegt darin Ihr geheimes Ethos, daß Sie Fanatismen und Borniertheiten vermeiden wollen, die ja nur auf der Ebene der Beobachtung erster Ordnung operieren, sich darauf beschränken und niemals akzeptieren würden, daß es auch andere Perspektiven gibt?

Ja, man kann es als Ethos bezeichnen, wenn auch der Begriff etwas altmodisch ist. Es ist eine Einstellung, die man wählt und in der Theorie rechtfertigt, dadurch daß die Theorie einen bestimmten Platz für Wissenschaft in der Gesellschaft vorsieht. Doch ist dies nicht moralisch engagiert, es geht nicht um Achtung oder Mißachtung, die man in der Wissenschaft aufs Spiel setzt.

Politik

In einem Zeitungsartikel zur deutschen Einigung in der FAZ vom 22.08.1990 haben Sie angeregt, Abschied von der BRD zu nehmen. Tatsächlich hat sich nicht nur die DDR aufgelöst, sondern auch das einige Deutschland essentiell verwandelt. Doch scheinen sich zumindest auf struktureller Ebene allein die westlichen, modernen Verhältnisse durchzusetzen. Wenn auch mit gewissen Schwierigkeiten funktionieren Wirtschaft, Recht, Wissenschaft und Politik nun differenziert, nach jeweils eigenen Operationsregeln. Auf der Ebene der Semantik scheint man im Osten jedoch eher paternalistische, ganzheitliche Konzepte zu erwarten. Man verlangt nach einer Fürsorglichkeit des Staats, die alle Funktionsbereiche der Gesellschaft umfassen und hegen soll. Wird dieser Wunsch enttäuscht, schickt man sich in die alte Rolle des Opfers, die allerdings eine neue Bedeutung erhält. Die Zuweisung der Opferrolle erfolgt mit der alten Freund / Feind-Differenz erneut geographisch und ist nach Ost und West codiert; diese Differenz hat innerhalb kürzester Zeit die Unterscheidung von Opfern und Tätern innerhalb des alten DDR-Regimes ersetzt. Die Differenz zwischen einem Wessi und einem Ossi hat mehr Gewicht als die vor zwei Jahren noch so entscheidende Unterscheidung zwischen Bürgerrechtler, Oppositionellem und Bürokrat oder Stasi-IM. Die SED-Ideologie der permanenten Alarmierung der Bevölkerung des Arbeiter- und Bauernstaats gegen den westlichen Imperialismus könnte ihren verspäteten Erfolg in der univoken Ablehnung des DM-Kolonialismus der Besserwessis feiern. Unsere Vermutung ist, daß die im Osten gepflegte Semantik der neuen

Gesellschaftsstruktur möglicherweise nicht gerecht wird und die Probleme der Einheit aus diesem Spagat zwischen einer differenzierten Gesellschaftsstruktur und einer moralisch entdifferenzierenden Semantik rühren. Herr Luhmann, wie beurteilen Sie diese Lage, vor allem angesichts der grassierenden Ausschreitungen gegen Ausländer?

Ich habe keine überzeugende Erklärung. Man könnte vermuten, daß eine Konvergenz unterschiedlicher Probleme dieses Phänomen begründen. Zunächst einmal dieses: Was soll man mit der neuen Freiheit anfangen, die man hat? Womit sollen gerade Jugendliche noch Aufsehen erregen, wenn alles erlaubt ist, zumal auch im sexuellen Bereich? Es wird unterschätzt, daß Jugendliche sich nicht über Konformität, sondern über Abweichung definieren. Angesichts einer sehr konformistisch orientierten Sozialisation schafft gerade Abweichung jene Individualität, die kaum dadurch herzustellen ist, daß einer mehr verdient als der andere. [...][7]

Man wird genommen oder wird nicht genommen, man bewirbt sich oder bewirbt sich nicht, man ist gut genug oder nicht. Wenn man eine Station nicht erreicht, ist die nächste unerreichbar. Diese zeitliche Sequenz der Karriere ist an jedem Punkt von Fremd- und Selbstselektion be-

[7]   Luhmann generalisiert diese These der Individualisierung durch Abweichung unter Hinweis auf den Bohemien. Momentan verfüge die Gesellschaft jedoch über keine überzeugenden Konzepte von Individualität. Auf der anderen Seite fehlten Schablonen, die ohne Originalität auskommen und dieses Vakuum ausfüllen könnten. »Es gibt keine genormten Karrieren mehr, aber Karriere muß sein.« Luhmann vermutet, daß ein Teil der Schwierigkeiten in den neuen Bundesländern dadurch entstanden seien, daß die Form der Karriere, die im Westen »Gesellschaft und Individuum integriert«, unbekannt oder ungewohnt sei.

stimmt, nämlich von anderen ausgewählt zu werden und sich selbst für etwas zu entscheiden. [...][8]

Wie sollten sich Ihrer Ansicht nach das Rechtssystem und die Politik dazu verhalten?

Die Politik ist offensichtlich undemokratisch. Sie läßt das, was das Volk sich eigentlich wünscht, nicht zu: Nämlich daß die Ausländer rauskommen oder wenigstens nicht die guten Wohnungen haben und nicht fast so viel Geld als Beihilfe bekommen wie mancher als Lohn für Arbeit. Die hautnahen Probleme für normale Menschen, beispielsweise Taxifahrer, werden nicht registriert. Dies ist während der Maastricht-Diskussion sehr deutlich geworden. Die Politiker sehen ihre eigene Agenda in Schwierigkeiten und machen mit denselben alten Instrumenten weiter. Der Mann auf der Straße findet seinen Blick auf die Dinge nicht berücksichtigt. Die Ablehnung gegen Maastricht in Dänemark etwa bot dann eine Möglichkeit, den Unwillen darüber zu artikulieren. [...][9] Mich wundert, daß so oft

---

[8] Im Osten dagegen sei die Karriere ein feststehendes Muster. »Wer einmal ausgewählt war, wurde prozessiert.« Dies sei keine Integration von Gesellschaft und Individuum, sondern ein rein von der Fremdselektion dominierter Mechanismus, welcher der Individualität nur als »Findigkeit im Beschaffen nicht bilanzierter Güter« einen Platz gelassen habe. Daher herrsche nun eine Unsicherheit, die nach dem alten Muster der Brunnenvergifter des Mittelalters nach Sündenböcken sucht, denen man wenigstens die Schuld zuweisen könnte.

[9] Der Versuch, durch eine als »Bürgernähe« ausgeflaggte Volkspädagogik die politischen Ziele dennoch durchzusetzen, sei gescheitert, weil auch hier nur alte Programme fortgestrickt würden und keine neue Agenda in Sicht komme. Wer nun nach Handlungsanweisungen giert, wird enttäuscht: »Diese Analyse bietet keinen Ratschlag, wie man es anders machen könnte.« Des Risikos, auf der Basis der Vox populi Politik zu machen, ist Luhmann sich gegenwärtig: »Wenn man auf die Taxifahrer hören würde, müßte man die Todesstrafe wieder einführen.« Dennoch sei der Ärger der Taxifahrer (diesem funktio-

Anträge auf Asyl abgelehnt werden, die Asylanten aber dennoch bleiben können. Ich weiß allerdings nicht, ob das Problem mit einer Verfassungsänderung gelöst werden könnte. Die Rede von der Verfassungsänderung ist wohl eher politisch von dem Willen motiviert, zu dokumentieren, das etwas ernst sei. Vielleicht werden dann mehr ausgewiesen, aber die kommen natürlich wieder.

Im Oktober wurde von Jugendlichen ein Asylantenwohnheim überfallen. Als Tatmotiv für vorsätzliche Körperverletzung und versuchte Vergewaltigung nannten die Straftäter schlicht »Ausländerhaß«. Selbst auf noch so krude Begründungen wurde verzichtet. Wie wirkt dies auf das Rechtssystem, wenn derart Tat und Motiv zusammenfallen und der Ausländerhaß sich gleichsam selbst motiviert?

Ich vermute, daß die Leichtigkeit, mit der derartige Delikte begangen werden, von dem massiven social support herrührt, also von der subjektiven, möglicherweise gar begründeten Annahme, daß Ausländerfeindlichkeit etwas ist, was auch der Nachbar billigen würde. Die Täter können zumindest annehmen, daß ihr Sympathisantenkreis

---

nalen Äquivalent Luhmanns für den Stammtisch, wie man anmerken könnte) über Asylbewerber verständlich, die sich vom Düsseldorfer Flughafen zur Asylbehörde fahren ließen, um die Verwaltung dann die Rechnung für das Taxi zahlen zu lassen. »Und normale Bürger nehmen einen Bus oder eine Vorortbahn!« Solche Geschichten habe Luhmann oft gehört. Die »Differenz zwischen der persönlichen Erfahrung der Probleme und ihrer politischen Aufbereitung« sei ein weiterer Grund für die Misere der Ausländerfeindlichkeit. Einen Ausweg aus der Krise hält Luhmann für schwierig, da die Problemlage so komplex sei, daß man nicht »eine Ursache bekämpfen kann, um die Effekte zu vermeiden«. Denn besonders die Ausländerfeindlichkeit sei ein »Konvergenzphänomen« verschiedenster Einflüsse.

groß ist. Zudem fehlt es dem Recht an seiner Umsetzung. Das Rechtssystem selbst hat sich Härten abgewöhnt. Ladendiebstähle oder Hausbesetzungen kommen kaum zur Anklage. Der Staat zögert mit der Ausübung der in seinen Händen befindlichen Gewalt. Daran kann man gewiß auch positive Seiten sehen. Denn wenn tatsächlich jedes Unrecht verurteilt und jedes Urteil in Strafe umgesetzt würde, dann hätte dies durchgreifende Auswirkungen auf die Population. So muß man dies auch demographisch beurteilen, obschon ich ohnehin denke: Wir müssen viel mehr Gefängnisse bauen und nicht mehr Autobahnen. [...][10]

Auf der einen Seite fragt man, wie es um die Wohlfahrt steht, auf der anderen Seite muß das Recht Recht bleiben. Nimmt man gar keine Rücksicht auf Konsequenzen, so wird das Recht zum Problem, aber genau diese Blindheit macht den Systemcharakter des Rechts aus: nämlich ohne Rücksicht auf die Menge und die Folgen Recht als Recht durchzusetzen. [...][11]

---

[10] Luhmann weist darauf hin, daß demographische oder ökonomische Kalkulationen (Gefängnisse zu teuer) »ohne Rücksicht auf das Recht« sind. Und doch scheint Luhmann mit einem fast kantischen Rigorismus an der Vorstellung zu hängen, daß in jedem Fall »Recht als Recht durchgesetzt wird, in jeder Bagatelle«. Dies habe eine »symbolische Seite auch innerhalb des Rechtssystems«. Der Einwand, daß dies weder wünschenswert noch durchsetzbar sei, wird mit der an Max Weber orientierten Differenz von formaler Rationalität und Nutzenrationalität gekontert.

[11] Luhmann führt weiter aus, daß für jene Staatsbürger, die Häuser stürmen und Gewalt gegen Personen oder Sachen anwenden, eine Rechtsgrundlage existiere, die eigentlich zur Aburteilung der Straftäter führen müßte. Doch führe heute ein »eindeutiger Straftatbestand« längst nicht mehr zu einer Verurteilung. Luhmann vergleicht die deutsche Situation mit der Lage in Italien. Auch dort könnte sehr viel mehr Unrecht bestraft werden, doch zögerten Staat und Recht aus rechtsexternen Gründen.

Würde man die Camorra in Neapel zerstören, hätte man allein dort 300 000 Arbeitslose. Daher zögert man, um nicht ein ökonomisches Netz zu zerschlagen, für das keine Alternative in Sicht ist. Ich sehe keine Instanz, die diese Effekte eines harten Kampfs gegen die Mafia verantworten könnte. Dies gilt auch für die Korruption in der politisch-administrativen Klasse: Wenn in allen Fällen das Rechtssystem zum Zuge käme, wäre die Existenz des politischen Systems in Gefahr, da ihm die personalen Ressourcen entzogen würden. Statt blind für Recht zu sorgen, geht man daher exemplarisch vor, indem man die Population splittet in einen harten Kern und in Mitläufer. Man straft also spektakulär Fälle ab in der Hoffnung, daß dies abschreckende Wirkung habe, da es potentiell jeden treffen kann, aber auch in dem Wissen, daß nur ein Bruchteil der bekannten Fälle überhaupt verhandelt werden wird. [...][12]

Ich nehme an, daß wir in eine ähnliche Situation kommen, wenn die unakzeptablen Parteien so groß werden, daß SPD und CDU eine große Koalition bilden müssen,

---

[12] Wir vermuteten, daß ein weiterer Grund für die neue rechte Protest- oder Gewaltkultur darin bestehen könnte, daß es in der bundesrepublikanischen Politik keine erkennbare Opposition mehr gebe. Da die Differenz des politischen Codes innerhalb des Staats kaum noch eine Bedeutung habe und die große Koalition nur post hoc die Indifferenz der Parteien bestätigen würde, etabliere sich außerhalb des Staats eine Opposition gegen den Staat selbst. Dies liege »auf der Hand«, doch erneut vergleicht Luhmann zunächst die deutsche Situation mit der italienischen. Dort herrsche seit 40 Jahren der Zustand der democrazia bloccata, d. h. eine Koalition von Parteien ohne Wechsel, die die Kommunisten von der Regierung fernhält, während die Kommunisten groß genug sind, eine Opposition neben sich zu verhindern.

um deren Regierungsbeteiligung zu verhindern. Dann haben wir auch hier die democrazia bloccata.

Prognostik

Die Systemtheorie wird stets als deskriptiv bezeichnet, was häufig mit konservativ verwechselt wird. Aus der Umwelt der Theorie werden jedoch Fragen herangetragen, die in die Zukunft weisen. Politik und Wirtschaft wollen wissen, was demnächst und danach passieren wird, und die Wissenschaft kommt diesem Bedürfnis etwa mit Wahl- und Marktforschung entgegen. Es gibt bereits Trendforscher, die sich ganz der Vorhersage gewidmet haben. In bezug auf die Leistung der Systemtheorie für koexistente Systeme ist der Bereich der Prognostik daher durchaus relevant, weil diese Systeme danach verlangen. Sie haben die Abstinenz in diesem Zusammenhang sehr selten durchbrochen, manchmal allerdings mit höchstem Erfolg. 1984 vermuteten Sie in einem Interview, daß der Zusammenbruch der Weltwirtschaft fast wahrscheinlicher ist als Krieg, und zwar unter deutlichem Hinweis auf Verschuldung, Dollarschwäche und Wechselkurssystem und die Rolle der unabhängigen Zentralbanken. Nun scheint die Krise des monetär aufgeblähten Wirtschaftssystems tatsächlich da zu sein. In bezug auf die medizinisch-biologische Forschung haben Sie auf die Evolutionsfähigkeit von Viren hingewiesen, die medizinisch resistent seien, weil sie bereits unter Bedingungen exzessiven Antibiotika-Konsums entstehen. Besitzt die Systemtheorie eine prognostische Kraft, die auf der Schärfe ihrer Analyse beruht, oder sind diese Ausflüge in die Zukunft persönliche, letzthin zufällige T(r)ips gewesen?

Prognosefähig sind allenfalls sehr eng definierte Bereiche. Ich denke hier an Marktprognosen und die Werbeindustrie, die sich auf sehr schmale Segmente beziehen. Der Sinn von Prognosen insgesamt liegt jedoch nicht darin, daß sie eintreffen, sondern darin, daß man weiß, was man an seiner Planung zu ändern hat, wenn sie nicht eintreffen. Jede Veränderung der Entwicklung führt zu einer Revision der Prognose, die sich mithin immer auf eine Zukunft bezieht, die nie eintritt. Die Systemtheorie selbst ist überhaupt nicht prognostisch. Was in gewissen Fällen eine Rolle spielt, ist nur, daß man die Auswahl von Risiken kritisiert und auf andere Risiken aufmerksam macht. Ja, wenn ein Atomwerk hochgeht, dann sterben Tausende oder Millionen, aber wenn die Weltwirtschaft zusammenbricht und ich mir für mein Geld nichts mehr kaufen kann, dann verhungere ich innerhalb von zwei Wochen. Die Riskanz des Wirtschaftssystems und seines Verhältnisses zur staatlich nicht mehr kontrollierbaren Gewalt, die auf den ökonomischen Zusammenbruch folgen würde, wird unterschätzt. Und dies, obwohl jeder Wirtschaftswissenschaftler weiß, daß jede nationale Wirtschaft, die investiert und daher mit Krediten arbeitet, von den internationalen Finanzmärkten nicht abzukoppeln ist und deshalb für sie unkontrollierbare Risiken eingeht. Während der Pfund-, Lira-, DM-Schwankungen wurden pro Tag 1 000 Milliarden DM allein durch Währungsspekulationen bewegt. Daraus folgt keine Prognose, aber mich wundert, daß die Soziologen sowas nicht zur Kenntnis nehmen und niemand bei den Banken nachfragt. Wer diese Fakten zur Kenntnis nimmt, wird auf deren Basis Risiken formulieren können. Im übrigen werden derartige Risiken in der Diskussion über den Sieg der Marktwirtschaft über den Sozialismus beharrlich ignoriert.

Kunst

Ihr Aufsatz »Weltkunst« und einige Passagen in den »Beobachtungen der Moderne« lassen eine Neuorientierung in der Konzipierung von Kunst erkennen, die sich stärker an der Differenz von Beobachtungen erster und zweiter Ordnung orientiert und code- wie funktionstheoretische Fragen etwas zurückstellt. Die Kompetenz, andere Beobachter beim Beobachten zu beobachten, verlange die Kunst der Moderne von denjenigen, die sie »kunstgemäß« rezipieren wollen.

Man kann das Shakespearsche Theater sicher nur verstehen, wenn man ein Beobachter zweiter Ordnung ist. Der Zuschauer wird im Unterschied zum Theater des Mittelalters vor die Bühne gesetzt und beobachtet dort, wie die Leute auf der Bühne sich täuschen, sogar wie sie – im »Hamlet« etwa – Theater spielen. Der Zuschauer sieht, was die Protagonisten nicht sehen, und das ist möglich dadurch, daß er beachtet, daß das Ganze nur eine Täuschung ist. Ein anderer Fall ist die Perspektive in der Malerei, die zu dieser Zeit weitgehend über Konstruktionsanweisungen (Fluchtpunkte etc.) läuft, die mechanisch gehandhabt werden können und nicht durch das Verstehen der Sichtweise anderer bedingt sind. Hier kann von einer Beobachtung zweiter Ordnung noch nicht die Rede sein.

Ist denn der Beobachter zweiter Ordnung jemand, der mit einer anderen Differenz operiert als der Beobachter erster Ordnung?

Ja, natürlich, er muß ja den Beobachter erster Ordnung beobachten. Er beobachtet das Beobachten des Beobachters. [...][13]

Die Frage nach dem Code der Kunst scheint uns eines der Hauptprobleme der systemtheoretischen Beschreibung der Kunst zu sein. Ist denn tatsächlich die Ästhetik und ihr Code »schön/häßlich« die Sebstreflexionsinstanz des Kunstsystems?

Die Ästhetik und die Ablehnung der Ästhetik sind die Formen der Selbstbeschreibung der Kunst. Ich denke, daß in der Avantgarde die Selbstbeschreibung selbst zum Werk und damit zur Kunst wird, womit versucht wird, die Autonomie der Kunst, die impliziert, daß die Negation des Systems im System selbst vorkommt und kontrolliert wird, wieder Werk werden zu lassen. Die Postmoderne formuliert das Ende dieser Möglichkeit, denn sie setzt nicht auf einen Abbruch, sondern auf die völlige Freiheit von Kombinationsmöglichkeiten gerade auch mit Traditionsmaterial. Doch auch dies ist nicht gerade neu, denn Rabelais ist ja das beste Beispiel für postmoderne Kunst. Alle Stile, die überhaupt zu dieser Zeit vorkommen können, sind im Werk vorhanden.

[13] Es bleibt offen, ob die Zuschauer der Dramen Shakespeares tatsächlich Beobachter zweiter Ordnung sind, denn sie operieren möglicherweise mit der gleichen Unterscheidung wie die Protagonisten: mit der Differenz von Wirklichkeit und Täuschung, welche die Existenz einer Wirklichkeit stets voraussetzt und für die Möglichkeit anderer Realitäten nur die Form der Täuschung zur Verfügung stellt. Aber was denn das spezifisch »Kunstmäßige« des Beobachtens sei, konnte nicht befriedigend geklärt werden. Zwar wurde deutlich, daß die kunstspezifische Beobachtung von Kunst sich an jenen Differenzen orientieren muß, welche die Werke anbieten, nicht aber, welcher Code diese Sequenzen von Unterscheidungen in beide Richtungen, die des Rezipienten und die des Produzenten, koordiniert.

Uns ist immer noch nicht klar geworden, ob Sie die Äs-thetik als Selbstbeschreibung der Kunst ansehen oder als ein Teilsystem der Philosophie, das von außen die Kunst beobachtet.

Nein, ich würde schon sagen, daß die Ästhetik die Selbstbe-schreibung der Kunst ist, jedenfalls in der Zeit von Baum-garten bis Hegel. Man hat hier die Doppelmitgliedschaft, die man ja sonst auch hat. Die Wissenschaftstheorie ist ja auch einerseits selbst wieder Wissenschaft, andererseits aber Philosophie ...

... aber die Wissenschaftstheorie benutzt ja auch den gleichen Code wie die Wissenschaft: wahr und falsch, während der Code der Ästhetik schön versus häßlich doch wohl kaum der Code der Kunst ist.

Aber die Ästhetik kann es sich nicht leisten, den Code zu negieren, solange sie die Selbstbeschreibung der Kunst ist. Dies ist wichtig in der Zeit von Baumgarten ...

... Baumgarten macht doch wohl Wissenschaft, nicht Kunst ...

Ja, aber er negiert den Sinn des Codes schön/häßlich nicht.

Nun gut, wenn ich als Soziologe die Wirtschaft beobachte, dann negiere ich den Code der Wirtschaft auch nicht, und doch betreibe ich keine Selbstbeobachtung der Ökonomie, sondern bleibe Wissenschaftler. Genauso sind Baumgarten, Kant und Hegel wissenschaftliche Beobachter.

Aber Baumgarten betrieb keine Soziologie in dem Sinne, es ist eigentlich nicht Wissenschaft, es ist Philosophie, wenn man will. Und Philosophie hat ja einen ambivalenten Status. Sie betreut Erkenntnistheorie, sie betreut Rechtstheorie vor allem. Ich denke, soweit Theorie als Form, also als Eröffnung von Vergleichsmöglichkeiten, für eine Selbstbeschreibung in Betracht kommt, ist die Simultanmitgliedschaft in Philosophie und in einem der Funktionssysteme eigentlich normal. Und dann stellt sich nur noch die Frage, ob man bestimmte Kontingenzformeln, bestimmte Codes als paradox oder kontingent setzt und als nicht-notwendig erkennt oder sie kanonisiert und zum Wesen der Sache selbst macht. Bei Baumgarten, aber auch noch bei Hegel, ging es darum, der Kunst, obwohl sie nur sinnlich war, trotzdem eine Aufgabe im Kosmos der menschlichen Angelegenheiten zuzuweisen.

Aber wie reagiert Kunst auf diese Beschreibungen? Sind nicht die literarischen Texte und die Kunstwerke, die zu dieser Zeit entstehen, völlig abgekoppelt von der Ästhetik als ihrer vermeintlichen Selbstbeschreibung?

Ist dies denn nicht der Normalfall? Wer würde denn angewandte Wissenschaftstheorie betreiben oder angewandte Wirtschaftstheorie? Wer investiert, schaut in die Bilanzen, nicht in wirtschaftstheoretische Werke. Selbstbeschreibungen haben immer zu tun mit der Folge von Ausdifferenzierung, die mit der Einsicht einhergeht, daß es keine transzendenten oder in der Natur des Menschen liegenden Selbstverständlichkeiten mehr gibt und dennoch etwas darüber gesagt werden muß.

Dann wären Selbstbeschreibungen von ihrem Gegenstand aber sehr weit entfernt. Wir hatten angenommen, daß die Selbstbeschreibung im Funktionssystem stattfindet, daß die Selbstbeschreibung der Kunst in der Kunst statt-

findet, mit engem Kontakt zu den Werken. Etwa in der Form, daß im Roman dargestellt wird, wie man Romane schreibt. Gerade in der Romantik gibt es ja solche reflexiven Phänomene.

Ja, für die Romantik könnte man das sagen, für den Deutschen Idealismus weniger. Aber wir haben das in Bielefeld viel diskutiert, ob das alles nicht möglicherweise doch eine wissenschaftliche Sache ist und nicht in die Funktionssysteme gehört.

Auch im Falle der Ästhetik? Was macht denn die Funktion der Ästhetik aus, daß sie die Kunst berät oder daß sie wissenschaftliche Erkenntnisse über sie gewinnt?

Nein, nein, sie hat ja keine Programmfunktion. Selbstbeschreibungen sind eigentlich nur Lösungen des Problems, das entsteht, wenn ein Funktionssystem autonom wird. Sie beantworten dann Fragen, die damit entstehen.

Dient dies denn nicht eher dem Erkenntnisgewinn als der Kunst?

Erkenntnis würde sich ja einfach damit beschäftigen, zu sehen, was geschieht, wenn etwas gemacht wird, Stilgeschichte etwa. Nun, aber es ist ein Problem, ob die operative Schließung eines Funktionssystems Selbstbeschreibung einschließt oder nicht. Mich hat eigentlich die Beobachtung immer dazu motiviert, das zu sagen. Im 16., 17., 18. Jahrhundert treten ja überall diese funktionssystembezogenen Theorien auf. Und dies korreliert mit Ausdifferenzierung und dem Wegfall schichtspezifischer und religiöser Integration. Aber ob Selbstbeschreibungen Teil des Funktionssystems sind, ist vielleicht eine Frage, die man stellen kann. Im Moment investiere ich einige

Arbeit in diese Fragen, etwa der Distanzierung von Wissenschaft in der Poesiediskussion des 16. Jahrhunderts und der Geschmacksdiskussion des 18. Jahrhunderts. Und die Ästhetik ab Baumgarten ist dann wohl eine Lösung der sozialen Zirkularität des Geschmacksurteils. Die Schichtdifferenz wird unwichtig. Aber dies ist nur ein Segment. Da sind noch die Fragen nach der Evolution des Systems und nach der Funktion. Die Funktion besteht in der Duplikation der Welt, um zu zeigen, daß eine Ordnung auch anders möglich ist.

Dies wird von jedem Funktionssystem vorgeführt.

Nein. Die Kontingenz in allen Operationen: ja. In der Kunst geht es um das Prinzip, daß man irgend etwas anfängt und sich die Möglichkeiten im Entstehen von Ordnung zubaut, so daß die Freiheit verschwindet. Wenn man ein Gedicht beginnt und eine Zeile ist gut gelungen, dann kann man nicht irgendwie weitermachen. Und wenn man ein Bild malt und einen Strich auf die Leinwand schmeißt, dann entsteht ein leerer Raum, in den etwas gehört, aber nicht irgend etwas.

Es geht also um die Selbstrestriktion von Möglichkeiten?

Ja, was man macht, muß passen, muß anschlußfähig sein. In anderen Bereichen fängt man nie so frei an und wird dann so sehr limitiert. Vielleicht Firmengründungen. Gewiß gibt es auch eine Ästhetik der Theorie. Der Aufbau einer neuen Theorie ist ja ein Ausmalen der constraints.

Wird die Kunst in einer Gesellschaftstheorie einen Platz finden?

Ja, sie müßte es. Die Frage wäre nur, wann man die Zeit dafür fände.

Sie haben mehrmals geäußert, der Kunst sei die Ausdifferenzierung nicht sonderlich bekommen.

Ja. Es gibt Fälle, die Religion gehört auch dazu, von denen man sagen kann, daß das Individuum auch ganz gut ohne leben kann. Ohne Kunst auch, aber nicht ohne Geld oder Recht.

Vielleicht fehlt aber auch nur die Perspektive, die die Kunst in einer ähnlich wichtigen Rolle sehen würde.

Ob Individuen auf ein System angewiesen sind, ist aber nur ein Test für seine gesellschaftliche Relevanz. Aber nicht der einzige. Man könnte ja auch sagen, daß das Problem der Duplikation von Realität im Fiktiven ein Problem ist, das gar nicht nicht sein kann und immer auftritt. Ähnlich mit der Religion.

Auch im Falle der Religion könnte man vielleicht die Frage anders stellen, so daß auch sie überlebenswichtig wäre. Überall, wo es um die Ausstattung der Zukunft mit Sicherheit geht, die es eigentlich garantiert nicht gibt, ginge es um Religion. Dann wären natürlich Horoskope und Astrologie, aber auch Sekten ein Feld der Religion, was ja der Sache auch gerecht würde.

Dann stellt sich aber die Frage nach einem Code, der Grenzen zieht. Von der Funktion sind ja immer auch Äquivalente denkbar. Man könnte auch Drogen nehmen, statt Religion. Es fehlt ein Code.

Doch das Gedankenexperiment, was würde passieren, wenn es das nicht gäbe, würde bei Wirtschaft oder Politik anders ausfallen als bei Kunst. Drei Monate ohne Kunst wäre nicht so schlimm wie eine Zeit ohne staatlich kontrollierte Gewalt.

Nun, vielleicht würden sich die Leute langweilen und sich dann trotzdem die Köpfe einschlagen. Das Ausfüllen der freien Zeit wäre ein großes Problem.

Aber ob sie die mit Kunst füllen ...

Es käme darauf an, was man unter Kunst versteht. Wenn man sie als Unterhaltung versteht, tut sich ein neuer Raum auf – Fernsehshows, Kinofilme –, ohne den es schlecht gehen würde.

Das würde ich nicht als Kunst sehen. Dies gäbe wahrscheinlich Schwierigkeiten mit dem Code. Es ist schlecht abgrenzbar. Aber gewiß, dieser ganze Bereich ist sehr unfertig. Was mir vorschwebt, ist generell in allen Funktionssystemen mit demselben Satz von Kategorien zu arbeiten und damit Gesellschaft zu beweisen, Gesellschaft als ein Prinzip. Ich möchte für die Moderne das tragende Argument der Nicht-Beliebigkeit der Gesellschaft bei sehr variablen Beziehungen zwischen den Funktionssystemen mit einer begrifflichen Architektur nachweisen. Dies würde ein Argument für einen gesellschaftlichen Zusammenhang bringen, der nicht in der Rangbeziehung liegt und nicht in der Differenz von Zentrum und Peripherie. In diesem Versuch liegt auch der Anspruch, dies überall zu zeigen. Die Frage ist nur, ob einem das gelingt.

Dies liegt im universalen Anspruch der Systemtheorie begründet, alles, was sozial ist, beobachten und beschreiben zu können.

Ja. Und wir müssen die Gesellschaftstheorie revidieren, wenn wir für Kunst keine Konzepte finden. Dann müßte in der Theorie an höherer Stelle etwas geschehen.

Die Alternative wäre, zu kapitulieren oder neu zu definieren, was sozial ist. Ist die Kunst ein Prüfstein, von dessen Erfassung nicht nur abhängt, ob die Gesellschaftstheorie vollständig ist, sondern auch, ob ihre Architektur stimmt?

Man kann sich nicht vorstellen, daß etwas Soziales außerhalb der Gesellschaft stattfindet, wenn man Gesellschaft als Kommunikation definiert. Und Kunst ist zweifellos Kommunikation.

»Was ist Politik« – oder war Luhmann doch unpolitisch?

Dirk Baecker, Herfried Münkler
und Wolfgang Hagen

WH: Was ist Politik, Herr Münkler?

HM: Man kann Politik natürlich zerlegen in unterschiedliche Begriffe: den Kampf um Macht auf der einen Seite, das Bewirtschaften von Feldern, die wohlgeordnet und angelegt sind, auf der anderen Seite, also Politikfelder, in denen eine bestimmte Politik betrieben wird: Sozialpolitik, Wirtschaftspolitik, Kulturpolitik, und schließlich kann man Politik auch als das Herstellen von Rahmenbedingungen begreifen, innerhalb deren dann der politische Alltagsbetrieb stattfindet. Das deckt sich ungefähr mit der bei uns im Fach in Englisch verbreiteten Unterscheidung von politics, policy und polity, und insofern umfasst Politik sehr vieles, sehr unterschiedliches, und darum ist es schwer, Politik kurz und knapp und griffig zu definieren, wie Sie das vielleicht von mir erwartet haben.

WH: Herr Baecker, entspricht das Ihren Erwartungen?

DB: Zunächst einmal teile und übernehme ich die Beschreibung von Herrn Münkler. Aus einer soziologischen Perspektive füge ich jedoch hinzu, dass Politik etwas ist, was in der Gesellschaft einen Unterschied macht. Das ist insofern eine interessante Beobachtung, als sie darauf hinweist, dass es auch etwas gibt, was *nicht* Politik ist und was außerhalb von Rücksichten auf Politik stattfindet, zum Beispiel Wirtschaft, Liebe, Wissenschaft, Religion, auch das Recht in einem weiten Sinne, darauf kommen wir vielleicht noch zu sprechen. Für mich lautet die interessanteste Frage: Wie gelingt es der Politik überhaupt noch, sich mit ihren Gestaltungsabsichten, mit ihren Machtofferten, mit ihrer spezifischen Konfliktbereitschaft, aber auch mit ihren Konsensangeboten durchzusetzen, wo man doch auch so vieles anderes machen könnte, was nicht Politik ist?

HM: Das ist aber bezogen auf den modernen Rechtsstaat, Herr Baecker. Denn es gab ja Zeiten, in denen Liebe und Politik keineswegs so sauber voneinander getrennt waren, also in den Zeiten der dynastischen Verbindungen, und in denen auch Wissenschaft und Politik miteinander verbunden waren. Nicht nur in der ersten Hälfte des 20. Jahrhunderts hat Stalin kraft seiner politischen Entscheidungsbefugnis sich in eine ganze Reihe von Fragen eingemischt, von der Biologie bis zur Linguistik.

DB: Da sind wir ja schon mitten in der Debatte, Herr Münkler!

HM: So ist es.

DB: Es gibt eine lange europäische Tradition, an deren Ende, etwa bei Hegel, der genau das dann nicht akzeptieren kann, die Einsicht in die Möglichkeit der Trennung von Politik und Gesellschaft steht. Politik ist in der Gesellschaft eine Beschäftigung unter anderen. Diese Einsicht ist so lange wie möglich aufgeschoben worden, was nicht zuletzt auch die Konsequenz hatte, dass die griechische Polis oder feudale Dynastien immer unter einem politischen und nur selten zum Beispiel unter einem wirtschaftlichen Gesichtspunkt beobachtet wurden. Sie galten in erster Linie immer als unverzichtbare Instanzen der Repräsentation der Gesellschaft in der Gesellschaft und konnten daran ihre Herrschaftsansprüche knüpfen. Das würde man im Nachhinein gerne etwas relativieren.

HM: Ja – ich glaube aber, dass bis heute die Einsicht in das, was Sie diese Differenzierung nennen, schwerfällt und wir möglicherweise immer wieder dahinter zurückfallen. Wenn wir im Augenblick sehen, wie die Diskussion über Eliten im Zeichen der Rechtsverstöße von Angehörigen dieser Eliten, etwa Steuerhinterziehung, stattfindet, wo also die Politik sich in einer erstaunlichen Weise moralisiert und an die Eliten der Wirtschaft Erwartungen heranträgt, die man im weiteren Sinn vielleicht der Moralphilosophie oder gar der Theologie zurechnen muss, da zeigt sich doch, dass wir zumindest zu starken Regressionen gegenüber dem Niveau der Differenzierung neigen, oder dass vielleicht sogar diese systemtheoretische Beschreibung, die Sie zugrunde legen, die meisten Teilnehmer des Systems hinsichtlich des Grades ihrer Differenziertheit überfordert und diese dann immer wieder in alteuropäische Semantiken zurückfallen.

DB: Die Politik erhebt bis heute den Anspruch auf die Repräsentation der Gesellschaft in der Gesellschaft …

WH: Den sie nun hat oder den sie nicht hat?

DB: Sie erhebt diesen Anspruch, aber dieser Anspruch ist bezeichnend für sie, nicht unbedingt für den Rest der Gesellschaft. Aus soziologischer Perspektive fällt auf, dass die Politik ebenso wie andere Funktionssysteme der Gesellschaft zur Selbstüberschätzung neigt. Auch die Wirtschaft, auch die Religion, auch das Recht, auch die Kunst denken, sie seien das dominierende System der Gesellschaft, sogar die Erziehung ...

HM ... die sowieso ...

DB: ... denkt, ohne Pädagogik ginge gar nichts. Das stimmt ja auch, allerdings stimmen eben alle diese sehr unterschiedlichen Ansprüche, so dass sie sich gegenseitig relativieren und so zu einem Gesamtbild der Gesellschaft fügen, das in den einzelnen Systemen dann so nicht vorkommt. Aber wichtig ist Folgendes: Wenn Luhmann darauf hinweist, dass die Politik in der Gesellschaft einen Unterschied macht, dann heißt das nicht, dass man anschließend zwei sauber unterscheidbare Felder hat: die Politik hier und der Rest der Gesellschaft dort, sondern es heißt, dass man damit beginnen kann, sich für Infektionslogiken zu interessieren. Wie infiziert die Politik den Rest der Gesellschaft mit ihrer Selbstüberschätzung? Und wie infiziert der Rest der Gesellschaft die Politik, die sich dann plötzlich mit Überlegungen wirtschaftlicher Effizienz, wissenschaftlichen Sachverstands und natürlich am liebsten – weil man damit Freund und Feind am besten unterscheiden kann – moralischer Rechtfertigung schmückt. Weder die Politiker noch das Publikum fühlen sich an die soziologische Beschreibung der funktionalen Differenzierung der Politik gebunden. Das wäre ja auch noch schöner.

Sondern sie führen Diskurse, die umso beliebter sind, als sie das Machtkalkül der Politik in den Hintergrund treten lassen.

WH: Also wenn ich mal versuchen darf, bis hierhin zusammenzufassen: Unterstellt, ein systemtheoretischer Ansatz der Theorie der Gesellschaft wäre gültig, müsste man sagen dürfen: es gäbe Funktionssysteme in dieser modernen Gesellschaft, die sich jeweils selbst überschätzen und jeweils sich fürs Ganze setzen. Dazu gehört dann Politik, Wirtschaft und vielleicht sogar auch Erziehung. Jetzt ist aber der Nebensatz von Münkler gefallen, dass die systemtheoretische Voraussetzung selbst schon die Beteiligten in der Gesellschaft überfordert. Was steckt hinter diesem möglicherweise fundamentalen Einwand, den Sie da haben?

HM: Also, Herr Baecker hat diese Regressionen gewissermaßen als Infektionen beschrieben. Aber man kann sich natürlich auch überlegen, ob es sich dabei nicht eher um Revitalisierungen handelt, also die entgegengesetzte Form des als Infektion Bezeichneten. In diesen Revitalisierungen wird ein System grundlegend erneuert und wieder aufgestellt, und es versichert sich seiner sozialmoralischen Prämissen, um anschließend wieder gemäß dieser wunderbaren administrativen Ordnung der voneinander sauber abgesetzten Teilsysteme funktionieren zu können. Also sozusagen die Krise …

WH: Machen Sie es ein bisschen konkreter …

HM: Ein Beispiel ist die gegenwärtige Diskussion über das Verhalten von Eliten, mitsamt den Erwartungen, die an sie herangetragen werden: Man kann ja mit gutem Grund sagen, das sind ja keine moralischen und religiösen Eliten, um die es geht, sondern es sind Funktionseliten, die einen bestimmten Job zu machen haben, etwa ein Unternehmen zu steuern ...

WH: Manager ...

HM: ... und überhaupt nicht Vorbilder für die Gesellschaft darzustellen haben. Das könnte man und müsste man vermutlich als Systemtheoretiker sagen.

WH: Und die Politik nimmt sie, entfunktionalisiert sie und macht sie zu Vorbildern?

HM: Aber man muss auch sagen: nicht nur die Politik. Es sind ja nicht nur Hubertus Heil oder Kurt Beck und sogar Angela Merkel, die jetzt aufgetreten sind und von der Vorbildfunktion der Eliten gesprochen haben, sondern es gibt eine breite Erwartungslage, die aus der Gesellschaft nach oben geschwappt ist, sicherlich publizistisch entsprechend verstärkt. Also, mein Nebensatz sollte sagen: Es könnte ja auch sein, dass diese Beschreibung mehr dem Ordnungsbedürfnis der Systemtheoretiker geschuldet ist als der genauen Beobachtung der politischen Realität, in der diese Überlappungszonen möglicherweise eine sehr viel stärkere Bedeutung haben als das Hereinkommen von Unordnung.

DB: Systemtheoretiker sind nicht auf die Beschreibung von Ordnung fixiert. Ihr Systembegriff ist ja im Gegenteil so gebaut, dass er Ordnung und Unordnung, Mischungsverhältnisse, beobachten kann. Auch deswegen sind die

Akteure der Politik mit der Beschreibung der Politik durch die Systemtheorie überfordert. Aber das macht nichts. Wir betreiben ja die Soziologie in erster Linie nicht für die Politiker, ja noch nicht einmal für die Politologie, sondern wir machen Soziologie für Soziologen, als *l'art pour l'art* ...

WH: Ist wahr?

DB: Ja, natürlich.

WH: Früher war die Soziologie mal, wie man sagte, gesellschaftsorientiert.

DB: Heute versteht die Soziologie sich in erster Linie als Wissenschaft, was ein Interesse der Akteure an ihr natürlich nicht ausschließt, sondern vielleicht sogar erst begründet. Die Soziologie stellt sich dem Problem, dass sie es bei der Politik mit einem komplexen Funktionssystem zu tun hat, wenn man denn bei der Theorie der funktionalen Differenzierung bleiben will, worin ich mir nicht ganz sicher bin. Angesichts von Komplexität kann der Wissenschaftler nicht in die griffigen Trivialisierungen ausweichen, die die Akteure sich schuldig zu sein glauben. Deswegen haben wir systematisch Schwierigkeiten, uns verständlich zu machen, und dies schon in dem Punkt eines Verständnisses der Politik als »System«.

WH: Kann man Politik dann überhaupt noch im Luhmann'schen Sinn als Funktionssystem begreifen?

DB: Ich teile die Beschreibung von Herrn Münkler, dass die sachlich saubere Unterscheidung von Politik und Wirtschaft, von Recht und Wissenschaft, von Religion und Kunst für die Buchdruckgesellschaft der Moderne typisch ist, die möglicherweise mit der Einführung des Computers als Medium der Kommunikation zu einem Ende gekommen ist. Möglicherweise sind Ordnung und Unordnung der Gesellschaft schon heute nicht mehr auf die Form der funktionalen Differenzierung, sondern längst auf die Form heterogener bzw., wie die Franzosen gerne sagen, heterotoper Netzwerke zu bringen, so unreif diese Beschreibung bis heute auch sein mag. Möglicherweise stellen für alle Beteiligten riskante Formen der Vernetzung zwischen Politik und Wissenschaft, Recht und Wirtschaft eine robustere Grundlage für die Politik dar als jeder Glaube an die Trennung von Sachlogiken.

WH: Aber woran orientiert sie sich dann? Für seine Theorie der Funktionssysteme hat Luhmann zu Lebzeiten dreißig Jahre gebraucht und hat am Ende noch drei Bücher übrig gelassen, die nicht publiziert waren, nämlich »Politik der Gesellschaft«, »Religion der Gesellschaft«, »Erziehungssystem«. Luhmanns Systemtheorie basiert doch gerade auf einer hoch ausdifferenzierten Unterscheidung der Funktionssysteme innerhalb der Gesellschaft. Wenn Sie das jetzt durch einen sehr viel unschärferen Begriff der Netzwerke ersetzen, die sich ja auch möglicherweise ad hoc bilden, zu bestimmten Themen bilden ...

DB: und wieder zerfallen ...

WH: ... dann frage ich mich: Was ist seit Luhmanns Tod, was ist seit der Jahrtausendwende geschehen, Herr Baecker, Herr Münkler?

HM: Herr Baecker ist da tatsächlich einen großen Schritt

auf die Politikwissenschaft zugekommen und das ist schön.

DB: ... (lacht) auch wenn das nicht meine Absicht war.

HM: Und doch würde ich die Beschreibung ein bisschen anders ansetzen, also wenn ich bei mir zu Hause das Regal mit den Luhmann'schen Schriften abschreite, dann denke ich: Das ist die sozio-politische Struktur der alten Bundesrepublik, überschaubar, geordnet, in einzelnen Bereichen ...

WH: der Bonner Republik.

HM: Der Bonner Republik, jawohl. Mit einer hohen Dominanz des Verwaltungsjuridischen und auch mit der Vorstellung, dass die Grenzen des Politischen klar abgesteckt und beschreibbar sind, sowohl nach innen durch die Macht der Gerichtsbarkeit als auch nach außen durch den Umstand, dass die Territorialisierung der politischen Ordnung in Gestalt der Flächenstaaten durch den Kalten Krieg festgeschrieben und eingefroren gewesen ist. Aber dann ist das aufgetaut, und die Dinge sind sehr viel stärker durcheinandergekommen. Ich glaube also – das ist meine spezifisch politiktheoretische Sicht auf die Dinge –, dass diese sehr präzise Beschreibung durch die Systemtheorie mitsamt der dahinter stehenden Ordnung, die sicherlich auch die Überlappungszonen ins Auge fasst, aber der eigentliche Kern der Theorieentwicklung ist natürlich die Ordnung, und die Überlappungszonen beobachtet man eben auch – dass das so für die heutige, die gegenwärtige Welt nicht mehr zutrifft. Die Ordnung der Luhmann'schen Theorie gibt es in dieser Form für uns nicht mehr. Ich weiß nicht, ob es sie je so gegeben hat, aber in der alten Bundesrepublik war dieser Ordnungsentwurf viel plausibler, als er das heute ist. Ich meine, es hat sich ja schon vor dem 11. September gezeigt, dass die Religion eine sehr viel größere Bedeutung für die Entwicklungsdynamik wie für das Selbstverständnis der Gesellschaften hat und zwar nicht in der Art und Weise, wie wir das in der Bundesrepublik in Form klar getrennter Bereiche haben – die Amerikaner schon würden das nicht so mitmachen, Sie hatten das ja angesprochen, Herr Hagen –, Religion abschotten in den Bereich des Privaten und Gott reduzieren auf die Kontingenzformel. Nein, ich glaube, dass mit dem Aufbrechen von Grenzlinien Politik in ganz anderer Weise wieder die Dimension des Kampfes, und zwar des Kampfes um die Ordnung der Ordnung bekommen hat, also sozusagen um die Frage, ob die Ordnung, die Luhmann in seinen einzelnen Büchern so sauber ins Regal gestellt hat, Geltung hat oder aber eine Erinnerung an einen Zustand ist, den wir dann auch noch mit der Vorstellung vom Ende der Geschichte umgeben haben.

DB: Vielleicht können wir für den Moment die Frage der Religion und ihres Wiedererstarkens einmal ausklammern. So oder so scheint mir die Religion eher deswegen interessant zu sein, weil sie sich in den geopolitischen Konflikten der Gegenwart in den Dienst der Politik stellen lässt, und nicht deswegen, weil sie aus sich heraus wieder in der Lage ist, lange erloschen geglaubte religiöse Bedürfnisse wieder zum Leben zu erwecken …

WH: Obwohl wir darüber reden müssen, später …

DB: Ja, aber im Moment finde ich es wichtig, den historischen Index ernst zu nehmen, den Herr Münkler an Luhmanns Theorie heranträgt. Luhmann selbst würde dem ja zustimmen, dass er die Theorie der Moderne schrieb, als wir sie vielleicht schon hinter uns hatten, wenn man daran denkt, dass der Computer in den 1940er Jahren erfunden wurde. Luhmann war es wichtig, die funktionale Sachordnung der modernen Gesellschaft gegen ihre nationalsozialistische ...

WH: ... Auflösung

DB: ... ja, Auflösung ins Feld zu führen, denn was den Nationalsozialismus so gefährlich gemacht hat, war nicht zuletzt seine fundamentalistische Trivialisierung der Gesellschaft auf ein einziges politisches »Projekt«, wenn man so sagen darf.

HM: Völlig d'accord!

DB: Gegen diese Trivialisierung kam es Luhmann auf zwei Argumente an: Erstens, Komplexität lässt sich aushalten und verstehen, ohne dass man sie mit Beliebigkeit und Wertverlust gleichsetzen müsste. Und zweitens, sie lässt sich nur dann aushalten, wenn man im Schatten der Russen und Amerikaner wieder Mut zur eigenen Gesellschaft und ihrer Geschichte fasst. Diese beiden Argumente hatte Luhmann durchaus mit Jürgen Habermas, wenn auch nicht mit Theodor W. Adorno, gemeinsam. Man kann die eigene Gesellschaft begreifen, ohne sie trivialisieren zu müssen.

WH: Luhmanns Werk hat ja auch einen weiteren Aspekt. Sie haben gesagt: Komplexität aushalten, konkret gesagt heißt das ja auch: Überforderung abbauen. In dem Moment, wo ich weiß, dass ich in einer ganz hoch differenzierten Gesellschaft lebe, wo ich sage, wo ich mich vielleicht in der Wirtschaft gut auskenne oder in der Wissenschaft gut auskenne oder in Teilbereichen gut auskenne, aber sehr unsicher bin, wie es in den anderen Bereichen bestellt ist, und dann von einem Soziologen erfahre, es sei dort ganz ähnlich bestellt, hat das eine gleichsam beruhigende Funktion. Und dann gibt es ja noch die Massenmedien, die immer so tun oder so taten – Luhmann sagt das ja –, als würden sie die Einzigen sein, die die Gesellschaft im Ganzen beobachten. Wer Luhmann gelesen hat, der muss auch hier sagen: Vorsicht, halblang, halblang, die massenmedialen Beobachtungen sind eben auch nur die nicht gelingenden Versuche, die Komplexität zu reduzieren, die, um das System zu verstehen, aufrechterhalten werden muss. Also hinter diesem ganzen Werk und Ansatz von Luhmann steckt doch auch so etwas wie ein zutiefst demokratisches Pathos, auch ein, Sie haben es ja schon erwähnt, fast antifaschistisches Pathos, das ja auch in der Biographie Luhmanns sich wiederfindet. Nicht umsonst sagt er in seinen Gesprächen, dass die Tatsache, dass er geschlagen worden ist von den Amerikanern – und eben nicht von den Nazis –, und dass er gegen die Genfer Konvention interniert wurde, mit siebzehn, dass ihn das ganz stark motiviert hat, Rechtssysteme zu erkunden und dieses dann eben erkundet hat in einem politischen Feld, nämlich in der Kultusbürokratie Niedersachsens, um dann festzustellen, dass man da gar nichts ausrichten kann. Ist es so gesehen eigentlich richtig, Luhmann mit einem Mal zum alten Mann zu erklären und nur mit dem Hinweis auf den

11. September diese Demokratie, die Bonner, die er sicherlich beschreibt, schon gedanklich für erledigt zu halten? Sind nicht vielleicht diese Retheologisierungen der Politik, die dazu Anlass geben, schlichte Regressionen, gegen die man sozusagen Luhmanns hoch differenzierte Funktionstheorie der Gesellschaft wieder rehabilitieren müsste?

HM: Aber eine Regression ist nur dann wirklich eine Regression oder als Rückfall zu begreifen, wenn man einen tiefen Glauben an die evolutive Entwicklung der Gesellschaft hat und davon überzeugt ist, dass der Fortschritt in den Gang der Dinge eingeschrieben ist, wenn man also dem Gang der Geschichte eine kryptische Teleologie unterstellt, wie auch immer man das macht. Das ist bei Luhmann sicherlich nicht in der heilsgeschichtlichen Perspektive, aber in biologischer Metaphorik, die ich als jemand, der an der Humboldt-Universität die politische Ideengeschichte zu pflegen hat, in ähnlicher Weise auch immer bei Aristoteles entdecken würde …

WH: … oder es kommt durch die Phänomenologie, durch die intensive Rezeption von Husserl.

HM: Ja, vielleicht darüber, vielleicht auch über die Biologie, die ja in den 1970er Jahren zur Leitwissenschaft in der Welt aufgestiegen ist.

DB: Er hatte seinen Darwin gelesen, er hatte seinen Maturana gelesen …

HM: Maturana vor allen Dingen, ja.

DB: Luhmann bezog sich auf eine Biologie, die Verfallsgeschichten ebenso kennt wie Fortschrittsgeschichten.

An eine Evolution, die zwangsläufig zum Besseren oder auch nur Komplexeren führt, glaubte er nicht. Er war ein Freund der Demokratie, gerade weil er sah, mit welchen Schwierigkeiten der Politikfindung diese kämpft. Aber er verstand die Politik auch als ein Ergebnis jener bei ihm so schön beschriebenen Conditio humana, dass der Mensch immer beschäftigt sein muss. Er betrachtete Verwaltungen ebenso wie Parteien immer auch als Einrichtungen, die um jeden Preis den Eindruck zerstreuen müssen, dass sie nichts zu tun haben.

HM: Aber wenn wir das doch noch einmal mit einer gewissen, wenn Sie so wollen, wissenssoziologischen Distanz betrachten, dann ist diese Vorstellung, diese Beschreibung von Demokratie eigentlich die Beschreibung einer Demokratie, die man geschenkt bekommen, die man nicht selber erkämpft hat, sondern die – nun ja, wir wissen, wie die Demokratie nach Deutschland gekommen ist, durch den Sieg der Westalliierten, jedenfalls was die alte Bundesrepublik anbetrifft. Also das Erkämpfen dieser Gesamtordnung, die Sicherstellung dieser funktionalen Differenzierung, das ist, glaube ich, nicht Luhmanns Ding gewesen, sondern er betrachtet Politik und darin Demokratie immer schon als etwas, was sich in dieser Form ausdifferenziert hat. Ich glaube aber, und das macht nach meinem Dafürhalten die Markierung von 1989/1990 oder aber 2001 aus, dass sich für uns heute wieder in sehr hohem Maße die Frage stellt: Wie sind wir in der Lage, mit politischen Mitteln, und zwar auf den unterschiedlichsten Klaviaturen, von der Moral bis zum operativen Geschäft der Politik, bis hin zur politischen Administration, das sicherzustellen:

die demokratische Ordnung aufrechtzuerhalten gegen ihre Bedrohung, sei es aufgrund von innerem Verfall, Diffusionsprozessen, sei das auch durch äußere Feinde? Dieses Problem, glaube ich, hat Luhmann nicht zentral beschäftigt. Das muss man ihm nicht vorhalten, das ist auch nicht unbedingt das Thema seiner Zeit gewesen.

DB: Das Buch »Die Politik der Gesellschaft« ist frei von solchen Überlegungen. Die Frage der politischen Verteidigung der Errungenschaften einer demokratischen Politik stellt er sich nicht. Was ihn beschäftigt, ist der Wohlfahrtsstaat als jener fürsorgliche Staat, der, wie er sagt, die Menschen daran hindert, erwachsen zu werden. Heute würde man das für eine neoliberale Formulierung halten. Das Manuskript der »Politik der Gesellschaft« war jedoch vermutlich schon Mitte der 1990er Jahre abgeschlossen. Im 1997 erschienenen Buch »Die Gesellschaft der Gesellschaft« findet sich dann eine Wendung seiner Machttheorie, von der man sich gewünscht hätte, dass sie bereits in der »Politik der Gesellschaft« eine Rolle gespielt hätte. Macht hat es in dieser Letztfassung seiner Theorie nicht mehr nur mit der Steigerung der Chancen, etwas auch gegen Widerstand durchzusetzen – ein Max Weber'scher Begriff –, zu tun, sondern Macht wird hier als ein Medium der Kommunikation verstanden, das man braucht, um die in jeder Gesellschaft erforderliche Willkür zu formatieren, und zwar die Willkür der Überlegenen ebenso wie die der Unterlegenen. Wenn man diesen Machtbegriff zugrunde legt, formuliert Politik in der Gesellschaft und stellvertretend für die Gesellschaft Chancen der Ausübung von Willkür. Luhmanns Blick würde sich vermutlich ebenso wie der

Ihre, Herr Münkler, auf Brüssel, Moskau, Washington und Peking richten und er würde die Frage stellen, welche Formen von Willkür, das heißt von nur an die Chancen der Ausübung von Macht gebundenen Entscheidungen, sich gegenwärtig dort ausbilden. Nicht zuletzt könnte er fragen, mit Hilfe welcher Semantiken ökonomischer oder religiöser Art sich diese Chancen drapieren und dem Blick entziehen. Das würde ihn mit der Politologie ins Gespräch bringen, wenn diese denn in der Lage ist, ihrerseits eine Referenz auf Gesellschaft mitzuführen.

WH: Das klingt so, als wenn ein alter Definitionsgrundsatz von Otto Suhr, nämlich Politik als Kampf um die rechte Ordnung – Sie hatten vorhin den Ordnungsbegriff schon einmal in anderer Weise herangezogen –, wieder aktuell würde. Da frage ich nur: Was heißt »rechte Ordnung« und was heißt »Formatierung von Willkür«? Nach welchen Kriterien wird denn weltpolitisch – und wir sind inzwischen auf der Ebene der Weltpolitik angekommen –, nach welchen Kriterien kann man Willkür formatieren?

DB: Herr Hagen, Otto Suhr in allen Ehren, aber zwischen dem Begriff der rechten Ordnung und dem Begriff der Willkür liegt nun wirklich ein semantischer Abgrund. Es geht Luhmann nicht um Aristoteles und nicht um Otto Suhr, nicht um die Suche nach einem der Gesellschaft normativ angemessenen Begriff einer vernünftigen Politik, auf die sich alle Beteiligten nur zu einigen bräuchten ...

WH: Sondern?

DB: Es geht ihm um die Frage, wie die Dominanzansprüche eines politischen Systems, das militärisch, finanziell und rechtlich Ressourcen mobilisieren kann, die vor wenigen Jahrzehnten noch unvorstellbar gewesen wären, gesellschaftlich im Zaum gehalten werden können. Man schaue sich nur das Ausmaß hochschulpolitischer Eingriffe in die Universität an, vermittelt über die interessante Rolle der Akkreditierungsagenturen – aber ich will nicht in eins meiner gegenwärtigen Lieblingsthemen abschweifen (lacht). Interessanterweise, und das macht es wieder kompliziert, war Luhmann der Ansicht, dass nur die Politik die Politik kontrollieren kann, inklusive einer Gefahr der Überkontrolle, die dann gar keine Willkürchancen und entsprechenden Gestaltungsmöglichkeiten mehr freizusetzen erlaubt. Willkürchancen müssen als Willkürchancen ernst genommen werden. Sie haben keinen gleichsam natürlichen Bezug auf die Vernunft, sondern werden in schönster autopoietischer Geschlossenheit des Systems von diesem selbst generiert und auch wieder kassiert.

HM: Also, für Luhmann ist diese Beschreibung der Ordnung eine, die ohne normative Annahmen funktioniert. Die Normen werden zwar von irgendeiner Seite hereingebracht und spielen in der Selbstbeobachtung und Selbstperspektivierung der Gesellschaft eine gewisse Rolle, aber sie sind nicht die Grundlage, und die Ordnung kann in ihrer Entwicklung an diesen Normen auch nicht evaluiert werden. Nun ist natürlich die Frage, ob wir das aushalten, ob wir eine solche Vorstellung von Ordnung, einen solchen Entwurf akzeptieren in dem Sinne, dass wir ihn verteidigen, dass wir notfalls vieles, gar das Leben einsetzen für eine Ordnung, die eben nicht mit dem Begriff und dem Attribut des Rechten ausgestattet ist.

WH: Sie erinnert mich ein bisschen an Merkel, diese Politikvorstellung.

HM: An Angela Merkel?

DB: Nicht zu Unrecht...

HM: Meine Auffassung ist, dass wir das nicht aushalten können und nicht aushalten wollen und insofern ...

WH: Warum nicht? Gibt es da ein anthropologisches Argument?

HM: Wir haben Erwartungen hinsichtlich des Rechten und des Passenden, die wir vielleicht nicht immer vor uns hertragen und die wir auch nicht sonntags regelmäßig in der Kirche absingen, weil wir da ja zumeist nicht hingehen, die aber in bestimmten Situationen des demonstrativen Entgegenhandelns oder Dagegenseins von entscheidender Bedeutung sind.

WH: Bevor es Dirk Baecker macht, frage ich: Wer ist »wir«?

HM: Im Prinzip die Aggregierung der Bürger der Bundesrepublik Deutschland, die sich in einer bestimmten Weise verhalten und agieren müssen, damit genau das eintreten kann, was in der Systemtheorie beschrieben wird. Wenn sie das nicht tun, sondern ...

DB: Gottlob wissen wir, dass wir die Bürger der BRD nicht aggregieren können. Die dazu erforderliche biologische Operation der Verschmelzung der Körper und Bewusstseine ist noch nicht erfunden worden.

HM: Na ja, sie sind zu einer Herde versammelt, sie haben vielleicht nicht unbedingt das Bewusstsein der Herde ...

DB: Das gilt nur für die Politik. Die Politik sammelt ihre Schafe auf einem bestimmten Territorium und sagt: »Diesseits der Grenze gehört ihr mir, jenseits der Grenze den Liechtensteinern.«

HM: Ja, das kann sein, dass die Politik das tut, das tut die Religion aber genauso ...

DB: In der Figur der »Gemeinde«.

HM: ... das tut die Wissenschaft auch, die auch eine ziemlich genaue Unterscheidung von Zugangsvoraussetzungen und fehlenden Voraussetzungen hat ...

DB: Die Universität tut es, sie zählt ihre Angehörigen ...

HM: Ja, die Universität tut es, ich glaube, dass ...

WH: Aber die Soziologie tut es nicht.

DB: Die Soziologie zählt nicht, um zu addieren, sondern um zu unterscheiden.

HM: (schmunzelnd) Ja gut, die Soziologie sitzt zwar in der Universität und freut sich, dass sie darinnen ist und dass andere für sie Zugänge regeln, aber hinterher sagt sie, sie habe damit nichts zu tun. Das sind die Leute, die auf beiden Seiten gewinnen wollen!

WH: Um noch einmal ein bisschen zu verdeutlichen, worum es geht in der Frage des »Wir«. Vielleicht verdeutlichen Sie dieses Wir nochmal von den inhaltlichen Bezügen her und fragen, ob es wirklich diese Figur des Wir gibt oder ob es eine religiöse oder rein politische Figur ist?

HM: O. k., vielleicht steckt ein Element von Fiktionalität in diesem Wir drin, aber zunächst einmal kann man es so beschreiben, dass alle diejenigen gemeint sind, die im formalen Sinne deutsche Staatsbürger sind, die an diese Ordnung mit ihren verschiedenen Elementen Erwartungen herantragen und die durch ihr Agieren zur Perpetuierung dieser Ordnung beitragen. Also diese meine ich, wenn ich hier »wir« sage. Das hat auch Diffusionszonen, nicht alle Deutschen, nicht alle Staatsbürger der Bundesrepublik sind in Deutschland, auf diesem Territorium usw. Das, denke ich, ist ein zentrales Element, und wenn ich das richtig bei Luhmann betrachte, arbeitet er ja damit auch, d.h., wenn er sich Politik vorstellt, stellt er sie sich vor als in die Struktur von Territorialstaaten gegossen, die gewissermaßen die Basiseinheiten dessen sind, in was Politik gehegt ist. Das ist zugegebenermaßen eine Formulierung, die eher von Carl Schmitt als von Niklas Luhmann kommt, und was wir in der letzten Zeit beobachtet haben, ist das Ausbrechen des Politischen aus dieser spezifischen Hegung in der Gestalt der Staatlichkeit. Und dieses Ausbrechen ...

WH: Wie meinen Sie das?

HM: Etwa in der Bildung von bewaffneten NGOs, von Netzwerken, die politisch handlungsfähig sind, aber nicht territorialisiert, was heißt, dass sie ...

WH: Auf der anderen Seite terroristische Gruppen, die nicht mehr staatlich identifizierbar sind.

DB: Auch Terroristen fallen unter den Begriff der NGOs, der Non-Government-Organisations.

HM: Ja, und das heißt, dass sie nicht mehr in die reziproken Logiken der Politikakteure passen – reziproke Logiken besagen: Wenn du mir das und jenes tust, dann rate ich dir, das zu lassen, weil ich es dir in gleicher Weise antun kann.

WH: Für Carl Schmitt ein furchtbarer Zustand, weil er nicht mehr nomothetisch ist.

HM: Na ja, es ist auch für uns ein furchtbarer Zustand, dieser Zustand der Emanzipation des Politischen aus den Grenzziehungen des Staatlichen – jedenfalls in sicherheitspolitischer Hinsicht. Wenn wir über Pakistan reden und seine Atomwaffen, dann ist, solange es Pakistan als Staat gibt, die Sache unproblematisch, weil die pakistanischen Waffen durch die indischen Nuklearwaffen paralysiert sind. Sobald es aber nicht mehr territorialisierte Akteure sind, die sich mit diesen Waffen weltweit auf den Weg machen, ist das mit Verlaub nicht nur für Carl Schmitt, sondern auch für mich oder vermutlich auch für Sie und Herrn Baecker eine furchtbare Vorstellung, eine furchtbare Bedrohung ...

WH: ... aber eine realistische ...

HM: ... der man dann nur noch präventiv entgegenhandeln kann; man kann keine reaktive oder wesentlich auf Reaktionsfähigkeit beruhende Ordnung aufbauen. Das ist eine Exemplifikation dessen, wonach Sie, Herr Hagen, gefragt haben. Nun ich wollte aber eigentlich etwas über das Wir sagen: Die Annahme, die zugleich eine belastbare und ordnungsstiftende Fiktion darstellt, dass sich nämlich politische Akteure nach den Prinzipien von Territorialität, Souveränität und zurechenbarer Bevölkerung verhalten und die damit verbundene Ordnungsleistung, die in Europa zwischen dem 16. und 18. Jahrhundert entstanden ist, ist im Augenblick in Gefahr, außer Geltung zu geraten. Und das nicht nur durch Terroristen, sondern auch durch die Intensivierung und Diffusion von Kapitalströmen, von Informationsströmen, kurzum durch alles, was permanent die Grenzen der territorialstaatlichen Ordnung überspringt. Das immer wieder beobachtbare Unbehagen an dieser Entwicklung läuft dann darauf hinaus, dass nach einem stärkeren und handlungsfähigeren Staat gerufen wird; sei es, dass er eine Sicherheit gegen terroristische Bedrohung garantiert, sei es, dass er sicherstellt, dass sich steuerpflichtiges Kapital nicht irgendwohin absetzt, das alles ist eine Reaktion darauf.

DB: Tatsächlich aber: Selbst territorial so deutlich markierte Staaten wie Russland oder die USA entterritorialisieren sich laufend. Sie sind global auf den Territorien der anderen unterwegs und man kann sich wohl fragen, ob sie nur unterwegs sind, weil auch die Terroristen unterwegs sind, oder ob ihr Unterwegssein nicht vielmehr der Auslöser für die Bewegungen der Terrorismus-NGOs ist. Mit dem Blick auf die Verhältnisse der Bonner Republik überrascht heute wohl am meisten, wie sehr wir uns heute wieder gezwungen sehen, zwischen Recht und Politik zu unterscheiden, die wir im Bild des Rechtsstaats so sehr wechselseitig gebunden glaubten. Eine entterritorialisierte Politik ist nicht zuletzt eine Politik, die sich an einen Boden der Rechtsgeltung nicht mehr gebunden fühlt – so sehr das parallel auch für ein Recht gilt, in dem es längst Phänomene eines Weltrechts gibt, wie sie etwa Gunther Teubner beschreibt. Bisher jedoch haben wir die Rechtsbindung immer auch als territoriale Bindung verstanden.

HM: Jetzt haben Sie aber auch »wir« gesagt, Herr Baecker!

DB: Ja, wir Politologen, wir Soziologen ... (lacht) – geschenkt.

HM: Also in dem Sinne, dass das eine speziell europäische Entwicklung ist. Ich würde immer meinen, dass das Hinausgreifen über territoriale Grenzen ein Wesensmerkmal von Imperien ist, und ich habe ja in verschiedenen Zusammenhängen versucht, Begriff und Realität des Imperiums alternativ zu denen des Territorialstaats zu beschreiben. Tatsächlich scheint mir die Luhmann'sche Theorie in hohem Maße daran gebunden zu sein, dass die Entwicklung zum Territorialstaat im beschriebenen Sinne, unter Einschluss der Möglichkeit einer aus solchen Staaten gebildeten Weltgesellschaft, der vorherrschende Entwicklungspfad ist. Dagegen entwickeln Imperien in ganz anderer Weise Diffusität, semipermeable Grenzen. Imperien kontrollieren die Verhältnisse der anderen, aber dass diese anderen die Ordnung der Imperien kontrollieren, das ist ausgeschlossen. Imperien kennen keine Reziprozität der Akteure. Sie bewirtschaften Asymmetrie. Das ist sozusagen der Punkt, wo ich glaube, dass wir in eine sehr spannende Zeit hineingehen.

WH: Also, wir halten fest: Im Unterschied zu Luhmann läuft alles möglicherweise nicht auf eine selbstähnliche Weltgesellschaft hinaus, sondern auf eine imperiale Asymmetrie, welcher Art auch immer, in der sowohl Nationalstaaten wie Nichtstaaten eine Rolle spielen; und wir halten auch fest, dass damit fundamentale Grundsätze der europäischen Politiktheorie, zumindest wie Carl Schmitt sie formuliert, nämlich das grenzsetzende Wesen des Nomos und damit des Rechts, außer Kraft gesetzt worden ist. Kurz zusammengebunden in einer Frage: Heißt das, dass wir gerade in einem Zustand sind, wo sich der Politikbegriff dramatisch ändert?

DB: Ich glaube nicht, dass der Politikbegriff sich dramatisch ändert, ich glaube nur, dass die viel zu lange und viel zu optimistisch eingeschätzte Koalition zwischen dem Politik- und dem Rechtsbegriff sich auflöst und wir gezwungen sind, über Macht wieder nachzudenken, ohne gleich den beruhigenden Gedanken hinterherzuschicken, dass wir Macht qua Verfassung, qua möglicher Konstruktionen des öffentlichen Rechts zu kontrollieren in der Lage sind.

WH: Was bedeuten würde, Politik und Macht überwölben alle anderen Funktionssysteme jetzt mit?

DB: Nein, natürlich nicht. Es bedeutet, dass die Macht autonom und autopoietisch unterwegs ist. Sie schöpft ihre Möglichkeiten aus ihren Möglichkeiten. Wir müssen Machtpositionen und Positionen der Gegenmacht in einem weltgesellschaftlichen Rahmen analysieren. Wir müssen fragen, wer aufgrund welcher Ressourcen welche Truppen um sich scharen kann und sich von welcher Bevölkerung feiern lässt. Diese Macht agiert in einem rechtsfreien Raum und das erwischt gerade die Deutschen auf dem falschen Bein.

WB: Den Amerikaner auch ...

DB: Wir müssen den Politikbegriff dort wieder auflesen, wo er mit Machiavelli und Carl Schmitt schon einmal war.

HM: Vielen Dank, Herr Baecker, ... da liegen wir gar nicht weit auseinander, das ist, glaube ich, klar ...

DB: Habe ich ihm schon wieder ein Stichwort gegeben! (allgemeines Lachen)

HM ... ich würde noch einen Gesichtspunkt hinzufügen: die Akteure haben sich verändert bzw. die Zukunftsperspektive hinsichtlich der Gewichtung unterschiedlicher Akteure hat sich verändert. Lassen Sie mich das so beschreiben: Ein Staat bekommt durch das Staatensystem seinen Ordnungsrahmen vorgegeben, innerhalb dessen sich die einzelnen Teilnehmer gegenseitig anerkennen und in einer symmetrischen Struktur bewegen. Der Staat muss sich nicht um die Ordnung von Raum und Zeit kümmern, sondern nimmt beides entgegen. Imperien dagegen begreifen sich als die Gestalter von Räumen, die Neuerfinder von Räumen und auch als die Herren der Zeit, indem sie sich die Aufgabe zuschreiben, bestimmte Prozesse, die sie für sinnvoll halten, zu beschleunigen, etwa die weltweite Verbreitung von Menschenrechten, Zivilisation, Demokratie, Marktwirtschaft, was auch immer. Oder sie begreifen sich als die Aufhalter des Weltendes, also als Katechon-Figur, die man ja auch bei Schmitt aus dessen politischer Theologie kennt und die man in der jüngsten Zeit in dramatischer Weise im Agieren des amerikanischen Präsidenten, aber auch anderer, beobachten konnte – und das aber heißt: Wenn ich in die Politik mit der Vorstellung eintrete, die Zukunft oder die Struktur der Räume hänge an mir, ich sei entscheidend dafür, ob die Zeit weitergeht oder nicht, ob sie stillsteht oder ob sie sich beschleunigt, dann bin ich nicht bereit, mich in die, wenn Sie so wollen, konstitutionelle Fesselung der partialisierten Systeme hineinzugeben, sondern dann gebrauche ich eine religiöse Rhetorik, dann brauche ich nicht nur eine solche Rhetorik, sondern dazu auch eine tiefe Überzeugung, dass ich diese Mission, diese mission, zu erfüllen habe, und dann bin ich letzten Endes so eine Art Heiland oder kämpfe den Kampf der Kinder des Lichts gegen die Kinder der Finsternis usw.

WH: Das ist Ihre Erklärung dafür, warum es derzeit zu einer Retheologisierung der Politik kommt?

HM: Das würde ich sagen, und zwar aus imperialer wie antiimperialer Perspektive, die bedingen sich gegenseitig in ihren Problemwahrnehmungen. Die Frage ist also, wer die Definitionsmacht über die Wahrnehmung der Probleme oder über die Festlegung der Fronten hat. Und da hat sich gezeigt, dass die Europäer ihre Definitionsmacht behalten, solange sie sich auf dem europäischen Kontinent bewegen, aber jenseits dessen spielen ganz andere die Musik, was schon eine dramatische Veränderung gegenüber der Perspektive der 1980er und der frühen 1990er Jahre ist, als wir gedacht haben, Europa wird eine große EU, die für andere Weltgegenden das Vorbild ist, oder aber wir ziehen das Ganze unter das Häubchen der UNO und haben es auf diese Weise im Griff.

WH: Zustimmung, Herr Baecker?

DB: Religionen weisen in einem unterschiedlichen Ausmaß missionarische und heilsgeschichtliche Tendenzen auf, die von einer Politik aufgegriffen werden, die wir gerade deswegen für gefährlich halten. Man denke nur an die Vermutung, dass theologisch nicht gezähmte iranische Politiker die Beschleunigung des Weltendes durch das Säen von Chaos im Sinn haben könnten. Aber muss man die Religion für Zugriffe verantwortlich machen, mit denen die Politik sie sich zunutze macht? Immerhin vermag die Religion selber auch außerordentlich allergisch auf ihre Indienstnahme durch die Politik zu reagieren. Und immerhin haben viele Religionen theologische Formen der Selbstentschärfung ausgebildet, dank deren die politisch besonders brauchbare, weil mit deren Tendenz zur Moralisierung kompatible Unterscheidung zwischen gut und böse durch die Unterscheidung zwischen Immanenz und Transzendenz ersetzt wurde, die politisch ungreifbar ist und sich gegen ...

HM: ... gegen das Apokalyptische...

DB: ... ja, gegen das Apokalyptische wendet. Und dann entsteht eine Situation, in der Politiker vor Priestern auf der Hut sein müssen, weil die Priester beobachten, wie sehr die Politik Chancen verdirbt, hienieden ein gottesfürchtiges Leben zu führen. Das ist eine Beobachtung, die auch Leute wie der iranische Präsident Ahmadinedschad zu fürchten haben. Die Gesellschaft sollte sich mit den Theologen gegen die Verschweißung von Politik und Religion verbünden.

WM: Ich würde kurz noch nachtragen wollen: Es ist der Kampf der Priester gegen die Propheten, denn Ahmadinedschad tritt als der Prophet auf.

WH: Schlussfrage: Ob Luhmann religiös gewesen ist, spielt glaube ich keine große Rolle. War er politisch? Und spielt das eine Rolle?

HM: Er war politisch, ja, unter den Bedingungen seiner Zeit, aber er müsste heute anders argumentieren, wollte er politisch bleiben. Herr Baecker hat das ja angedeutet an dieser Stelle der Macht in »Gesellschaft der Gesellschaft«.

DB: Luhmann verstand seine eigene Theorie politisch im Sinne eines Plädoyers für die gesellschaftlichen Vorteile einer Politik im bundesrepublikanisch unterkühlten Stil. Zugleich war er selbst denkbar unpolitisch, zog sich auch aus seinen spärlichen Beratungsangeboten an die CDU bald wieder zurück. Ich glaube, er hat sich mit jedem sozialen System, ausgenommen vielleicht der Wirtschaft, lieber beschäftigt als mit der Politik.

WH: Danke Herr Baecker, danke Herr Münkler.